Auf einen Blick

Pharma-Verhaltenskodex
in der Praxis

Ein alphabetischer Leitfaden

- Gunter Bienert
- Dieter Hein

Dieser Leitfaden entbindet nicht von der Verpflichtung, die gesetzlichen Vorschriften zu beachten. Er wurde mit großer Sorgfalt verfasst. Dennoch übernehmen die Autoren und der AKG e.V. für die Richtigkeit der Angaben, Hinweise und Ratschläge keine Haftung. Aus etwaigen Folgen können deswegen keine Ansprüche gegen die Autoren oder den AKG e.V. geltend gemacht werden. Dies gilt nicht, soweit Schäden auf Vorsatz oder grobe Fahrlässigkeit der Autoren oder des AKG e.V. zurück zu führen sind.

Zitierte oder als Verweisung aufgeführte §§ ohne weitere Bezeichnung sind solche des AKG-Verhaltenskodex.

In diesem Leitfaden wird für die Bezeichnung der Personen weitestgehend die männliche Form verwendet. Hierin soll keine Bevorzugung des Männlichen und keine Diskriminierung des Weiblichen zum Ausdruck kommen. Die gewählte Fassung dient allein der besseren Übersichtlichkeit des Textes und damit einer leichteren Verständlichkeit seines Inhalts.

Auf einen Blick
Pharma-Verhaltenskodex in der Praxis
Ein alphabetischer Leitfaden

ISBN 978-3-00-026414-6

© Copyright 2009
Dr. iur. Gunter Bienert, Dieter Hein

Herausgeber
Arzneimittel und Kooperation im Gesundheitswesen e. V. (AKG e.V.)

Produktion
Atelier Bülk, 22397 Hamburg

Vorwort

Mitgliedern eines Wirtschaftsverbandes zuzumuten, ihrer geschäftlichen Kreativität durch eine ethische Selbstkontrolle Fesseln anzulegen, mag manchem ungefähr so absurd erscheinen, wie von Fröschen zu verlangen, den Teich trocken zu legen, in dem sie leben. Aber es scheint nur so – tatsächlich sind die Sachverhalte nicht vergleichbar. Denn wenn es Fröschen wirklich gelänge, den Teich trocken zu legen, wäre das ihr sicherer Tod. Wenn Unternehmen aber sich selbst Verhaltensregeln geben, festigen sie die Grundlagen ihrer Existenz.

Die Pharmaunternehmen arbeiten so segensreich wie wohl keine andere Industrie. Ihre Erzeugnisse mindern die Leiden der Menschen, verlängern das Leben und helfen, dieses Leben bis ins hohe Alter erträglich zu machen. Hinzu kommt ein ökonomischer Gewinn der ganzen Gesellschaft aufgrund der Tatsache, dass Arzneimittel die Zeiten im Krankenhaus und die Ausfallzeiten im Beruf deutlich verkürzen. Welche andere Branche kann auf einen vergleichbar hohen Nutzen ihrer Produkte verweisen? Und dennoch, daran ist nicht zu deuteln: Die Pharmaindustrie hat seit vielen Jahren keinen guten Ruf. Denn es gibt sie tatsächlich: Unzulässige Methoden der Umsatzförderung, AWB ohne wissenschaftlichen Zweck, Zuwendungen für sinnlose Beratungen, als Fortbildungsveranstaltungen getarnte Freizeitvergnügen, überzogene private Geschenke an Ärzte. Das Spektrum der Versuche, die Fachkreise gewogen zu stimmen, ist bunt. Das gilt beileibe nicht für jedes Pharmaunternehmen. Höchst ungerecht wäre, alle in einen Topf zu werfen. Wenn aber Einzelne in fragwürdiger Weise Einfluss nehmen wollen auf Verordnungen, Therapien oder Beschaffungen, dann schaden sie nicht nur sich selbst, dann schaden sie auch denen, die im selben Boot sitzen. Das ist die gesamte Pharmaindustrie. Deshalb haben die im Bundesverband der Pharmazeutischen Industrie (BPI) organisierten, überwiegend unternehmergeführten Arzneimittelhersteller Anfang 2008 mit dem Verband Arzneimittel und Kooperation im Gesundheitswesen e.V. (AKG) eine Selbstkontrolleinrichtung ins Leben gerufen. Wie der Verband Freiwillige Selbstkontrolle für die Arzneimittelindustrie e.V. (FSA) hat auch der AKG das Ziel, Wettbewerbsverstößen und anderen unlauteren Geschäftspraktiken innerhalb der Branche vorzubeugen und sie gegebenenfalls zu sanktionieren. Dem dienen die Berufung eines Schlichters und die Einrichtung einer Schiedsstelle.

Im Vordergrund der Arbeit des AKG steht aber nicht die Reaktion auf geschehenes unethisches Verhalten, sondern dessen präventive Verhinderung durch umfangreiche und intensive Beratung. Die mit dem Beitritt zum AKG manifestierte Bereitschaft der Unternehmen, die Regeln des von ihnen anerkannten AKG-Verhaltenskodexes jederzeit verantwortungsbewusst einzuhalten, wird durch mannigfaltige Hilfsangebote unterstützt. Eines dieser Angebote soll der vorliegende Leitfaden sein.

Die Autoren haben sich zum Ziel gesetzt, den Mitarbeitern der pharmazeutischen Unternehmen und den Angehörigen der Fachkreise für ihre Zusammenarbeit einen Kompass an die Hand zu geben, der ihnen auf unsicherem Boden den rechten Weg weist. Angesprochen sind aber auch Kongress- und Veranstaltungsagenturen sowie Hotels.

Die Broschüre soll deshalb die Kodexregeln in einem Schlagwortregister leicht verständlich erläutern sowie aktuell auftauchende Fragen schnell und zuverlässig beantworten. Dafür wurden theoretische Grundlegungen nach Möglichkeit reduziert und in erster Linie Wert auf praxisnahe Auskünfte gelegt. In welchem Umfang das gelungen ist, wird die Resonanz zeigen. Kritische Anmerkungen und Verbesserungsvorschläge sind erwünscht.

Dank sagen die Verfasser dem Vorstand und der Geschäftsführung des AKG, die sich zur Herausgabe dieses Leitfadens entschlossen und seine Entstehung hilfreich begleitet haben. Die Leserinnen und Leser mögen aus dem Gebrauch Nutzen ziehen eingedenk der Erkenntnis des amerikanischen Jazzmusikers B. B. King: Das Schönste am Lernen ist, dass uns niemand das Erlernte wegnehmen kann.

Dr. iur. Gunter Bienert   Dieter Hein

Inhaltsverzeichnis

Vorwort 5

Auf einen Blick
Pharma-Verhaltenskodex in der Praxis 9
Ein alphabetischer Leitfaden

ANHÄNGE

1. AKG-Verhaltenskodex 105
2. BPI-Kodex (Auszug) 125
3. Gemeinsamer Standpunkt der Verbände 141
4. Verhaltensempfehlungen BAH, BPI, VFA 165
5. Hinweise Bundesärztekammer zu § 33 MBO-Ä 173
6. Empfehlungen des BfArM 181
7. Neue Gemeinsame Empfehlungen BfArM / PEI 189
8. Heilmittelwerbegesetz – HWG 197
9. Strafvorschriften 209

Auf einen Blick
Pharma-Verhaltenskodex in der Praxis

Abend der Industrie

Eine Besonderheit medizinischer Kongresse ist der Abend der Industrie. Hierbei handelt es sich um eine Veranstaltung, auf der die pharmazeutischen Unternehmen und die Hersteller von Medizinprodukten an Ständen über ihre Leistungen informieren.

Der Abend der Industrie wurde eingerichtet, um den ausstellenden Unternehmen außerhalb der offiziellen – meist eng belegten – Kongressöffnungszeit zusätzliche Kontakte mit den Angehörigen der → Fachkreise zu ermöglichen. Diese besuchen am Abend der Industrie nicht nur den Stand eines Unternehmens, sondern mehrere Stände.

Dabei erhalten die Kongressteilnehmer entweder zentral durch die Kongressleitung oder dezentral durch die teilnehmenden Unternehmen an den Ständen auch kleinere Speisen und Getränke.

Zentrale Verköstigung dieser Art wird üblicherweise von den Ausstellern durch einen Pauschalbetrag mitfinanziert. Bei dezentraler Verköstigung entscheidet jedes Unternehmen selbst, welche Speisen und Getränke es an seinem Stand anbietet. Diese sind mit Augenmaß auszuwählen. Luxuriös anmutende Speisen und Getränke dürfen nicht angeboten werden. Unter solchen Voraussetzungen ist eine derartige Verköstigung wegen ihrer relativen Unaufwändigkeit und kurzen Dauer keine → Bewirtung, sondern eine messeübliche Höflichkeitsgeste.

Lässt der Kongresspräsident oder die von ihm beauftragte Kongressagentur einen solchen Abend musikalisch begleiten, dürfen sich pharmazeutische Unternehmen daran weder organisatorisch noch finanziell beteiligen. Bei pauschaler finanzieller Unterstützung eines Abends der Industrie muss sichergestellt sein, dass Sponsorengelder der pharmazeutischen Industrie dafür nicht verwendet werden.

Ergänzend: → Industrieausstellung, → Unterhaltungsprogramme.

Äquivalenzprinzip

Das Äquivalenzprinzip ist einer der vier Grundsätze zur Verringerung des Strafbarkeitsrisikos bei der Zusammenarbeit der Hersteller von Arzneimitteln und Medizinprodukten mit Angehörigen der → Fachkreise. Diese Grundsätze sind wesentliche Orientierungspunkte des → Gemeinsamen Standpunkts der Verbände (→ ANHANG 3).

Das Äquivalenzprinzip hat zum Inhalt:
Bei Vertragsbeziehungen der pharmazeutischen Unternehmen mit Ärzten, medizinischen Einrichtungen, Mitarbeitern von medizinischen Einrichtungen und sonstigen Angehörigen der Fachkreise müssen Leistung und Gegenleistung stets in einem angemessenen Verhältnis zueinander stehen.

Praktische Bedeutung: → Angemessenheit.

Ärztekammern

Die 17 deutschen (Landes-)Ärztekammern sind die Träger der berufsständischen Selbstverwaltung der Ärzte. Sie haben als Körperschaften des öffentlichen Rechts die beruflichen Belange der Ärzteschaft zu wahren. Errichtet worden sind sie durch Gesetze der Bundesländer, in denen sie sich jeweils befinden und für deren Gebiet sie zuständig sind. 15 Bundesländer haben je eine Ärztekammer, das Land Nordrhein-Westfalen hat sein Gebiet insoweit aufgeteilt in die Bereiche Nordrhein und Westfalen-Lippe und dementsprechend zwei Ärztekammern. Finanziert werden die Ärztekammern durch Beiträge ihrer Mitglieder. Jeder Arzt ist Pflichtmitglied der Ärztekammer des Landes / Landesbereichs, in dem er seine ärztliche Tätigkeit ausübt oder – falls er solche Tätigkeit nicht ausübt – seinen Wohnsitz hat.

Die Bundesärztekammer ist eine Arbeitsgemeinschaft der (Landes-) Ärztekammern. Sie ist keine Körperschaft, sondern ein nichteingetragener Verein. Ihre Aufgabe ist die Vertretung der berufspolitischen Interessen aller etwa

420.000 deutschen Ärztinnen und Ärzte. Die einmal jährlich stattfindende Hauptversammlung der Bundesärztekammer ist der Deutsche Ärztetag.

Die Aufgaben der (Landes-)Ärztekammern sind jeweils landesgesetzlich geregelt. Wichtige Aufgaben sind u.a.:
- Schaffung von Satzungen (Satzung der Ärztekammer, Berufsordnung, Weiterbildungsordnung),
- Abnahme von Prüfungen (z.B. Facharztprüfungen),
- Überwachung der Berufsausübung der Ärzte,
- Wahrung der beruflichen Belange (Vertretung der Berufsinteressen der Ärzte),
- Förderung und Zertifizierung der ärztlichen Fortbildung,
- Errichtung von Ethikkommissionen,
- fachliche Mitwirkung bei der Gesetzgebung.

AKG-Verhaltenskodex
→ ANHANG 1

Die Mitgliedsunternehmen des AKG haben den AKG-Verhaltenskodex auf ihrer ersten Hauptversammlung am 07.04.2008 beschlossen.

Er gilt für verschreibungspflichtige Humanarzneimittel („Rx – Produkte").

Inhaltlich folgt er dem → Gemeinsamen Standpunkt der Verbände (→ ANHANG 3) und den → Verhaltensempfehlungen BAH, BPI, VFA (→ ANHANG 4).

Im Einzelfall ist er auszulegen unter Berücksichtigung der Gesetze, der Rechtsprechung und der Berufsordnungen der betroffenen → Fachkreise.

4 Grundgedanken prägen den AKG-Kodex:
- Marketing der Arzneimittelhersteller hat die Würde des Patienten und das Vertrauensverhältnis zwischen Arzt und Patient zu respektieren.
- Wirtschaftliches Handeln muss bei aller berechtigten Orientierung auf den Gewinn auch immer sozial verantwortungsvoll und ethisch billigenswert sein.

- Wettbewerb funktioniert nur bei Fairness der Wettbewerber.
- Eine gesunde Marktwirtschaft lebt vom Wettbewerb der besten Produkte und Dienstleistungen, nicht vom Wettbewerb der geschicktesten Bestechungen.

Der AKG-Kodex ist eine vereinsinterne Verhaltensregel. Er ist kein allgemein gültiges Gesetz.

Er gilt für alle Unternehmen, die Mitglieder des AKG sind. Diese sind vereinsrechtlich an ihn gebunden.

Auf Nichtmitglieder findet der Kodex keine unmittelbare Anwendung. Mittelbar aber kann er auf die gerichtliche Rechtsprechung in Wettbewerbsfragen Einfluss haben. Dort kann er als Indiz dafür herangezogen werden, welches Wettbewerbsverhalten nach der Auffassung der Branche als unlauter anzusehen ist.

Nicht juristisch, aber politisch kommt dem AKG-Kodex übergreifende Bedeutung insoweit zu, als er auch einen Rahmen schafft für vertrauensbildende Zusammenarbeiten mit den Kräften der Politik, mit anderen Verbänden der Fachkreise und mit der Öffentlichkeit.

Homepage des AKG: www.ak-gesundheitswesen.de

Amtsträger
→ § 24 (→ ANHANG 1)

Der Amtsträger ist der mögliche Täter der Straftatbestände
→ Vorteilsannahme (§ 331 StGB) und → Bestechlichkeit (§ 332 StGB).
Er ist der mögliche Begünstigte der Straftatbestände
→ Vorteilsgewährung (§ 333 StGB) und → Bestechung (§ 334 StGB).

Amtsträger ist nach § 11 Abs.1 Ziff.2 StGB, „wer nach deutschem Recht
- Beamter oder Richter ist,
- in einem sonstigen öffentlich-rechtlichen Amtsverhältnis steht oder
- sonst dazu bestellt ist, bei einer Behörde oder bei einer sonstigen Stelle oder in deren Auftrag Aufgaben der öffentlichen Verwaltung unbeschadet der zur Aufgabenerfüllung gewählten Organisationsform wahrzunehmen".

Dem Amtsträger gleichgesetzt ist in den Strafvorschriften der „für den öffentlichen Dienst besonders Verpflichtete".

„Für den öffentlichen Dienst besonders Verpflichteter" ist nach § 11 Abs.1 Ziff.4 StGB, „wer, ohne Amtsträger zu sein,
- bei einer Behörde oder bei einer sonstigen Stelle, die Aufgaben der öffentlichen Verwaltung wahrnimmt, oder
- bei einem Verband oder sonstigen Zusammenschluss, Betrieb oder Unternehmen, die für eine Behörde oder für eine sonstige Stelle Aufgaben der öffentlichen Verwaltung ausführen,

beschäftigt oder für sie tätig und auf die gewissenhafte Erfüllung seiner Obliegenheiten aufgrund eines Gesetzes förmlich verpflichtet ist".

Im hier relevanten Zusammenhang sind Amtsträger und „für den öffentlichen Dienst besonders Verpflichtete"
- die als Beamte oder Angestellte des öffentlichen Rechts in öffentlich-rechtlichen Dienstverhältnissen stehenden Mitarbeiter medizinischer Einrichtungen,
- Angestellte einer privatrechtlich organisierten Einrichtung (z.B. Krankenhaus GmbH oder AG), sofern sie hoheitliche Aufgaben (etwa in Forschung oder Krankenversorgung) wahrnehmen.

Angehörige der Fachkreise
→ Fachkreise

Angemessenheit

Die Angemessenheit ist ein zentraler Beurteilungsmaßstab für die Lauterkeit aller vermögenswerten Zuwendungen, die durch pharmazeutische Unternehmen an Angehörige der → Fachkreise gewährt werden.

Angemessen ist eine Handlung, die den Umständen, unter denen sie geschieht, nach allgemeinen Wertmaßstäben gerecht wird, indem sie diese Umstände mit

Augenmaß berücksichtigt und ohne Über- oder Untertreibung annähernd widerspiegelt.

Für eine Leistung bedeutet dies beispielsweise, dass sie dann angemessen ist, wenn sie einer etwaigen Gegenleistung im Wesentlichen wertmäßig vergleichbar ist.

Das Erfordernis der Angemessenheit soll ausschließen, dass einzelnen Angehörigen der Fachkreise (offen oder verdeckt) Vorteile gewährt werden, die dazu bestimmt oder auch nur geeignet sind, Therapie-, Verordnungs- oder Beschaffungsentscheidungen unlauter zu beeinflussen.

Der → AKG-Verhaltenskodex (→ ANHANG 1) gebraucht diesen Begriff daher für verschiedene Formen der Zusammenarbeit:
- Im Rahmen vertraglicher Beziehungen müssen die Leistungen der Ärzte, der anderen Angehörigen der Fachkreise oder der medizinischen Einrichtungen einerseits und die dafür von Unternehmen gezahlten Vergütungen andererseits jeweils in einem angemessenen Verhältnis zueinander stehen (§§ 17 Abs.3, 24 Abs.4) (→ Äquivalenzprinzip).
  Zur Angemessenheit der Vergütung: → Vergütung.
  Im Übrigen: → Zusammenarbeit mit Ärzten (vertraglich),
  → Sponsoring.
  Bei der Beurteilung der Angemessenheit kann in geeigneten Fällen die
  → Gebührenordnung für Ärzte (GOÄ) einen Anhaltspunkt bieten. Dabei können angemessene Stundensätze vereinbart werden (§ 17 Abs.3).
  Das gilt insbesondere auch für die Durchführung von
  → Anwendungsbeobachtungen (§ 18 Abs.5).
  Ärzte, die vertragliche Leistungen für Unternehmen erbringen, können in diesem Zusammenhang entstandene angemessene Auslagen und Spesen erstattet bekommen (§ 17 Abs.4) (→ Zusammenarbeit mit Ärzten (vertraglich)).
  Zur Angemessenheit der Auslagen und Spesen: → Auslagen
- Für → Fortbildungsveranstaltungen (extern) und
  → Fortbildungsveranstaltungen (intern) dürfen angemessene
  Reise- und Übernachtungskosten übernommen/erstattet werden
  (§ 19 Abs.2, Abs.3, Abs.4).
- Bei → Fortbildungsveranstaltungen (intern) und → Arbeitsessen ist eine
  → Bewirtung in einem angemessenen Umfang zulässig (§ 19 Abs.2, Abs.3, 22).

- Veranstalter von → Fortbildungsveranstaltungen (extern) dürfen in einem angemessenen Umfang finanziell unterstützt werden (§ 19 Abs.5).
- Im Rahmen der → Imagewerbung dürfen zu besonderen Anlässen → Geschenke gewährt werden, die sich in einem angemessenen Rahmen halten (§ 21 Abs.2).
- → Preisausschreiben für Angehörige der Fachkreise sind zulässig, wenn der in Aussicht gestellte Preis in einem angemessenen Verhältnis zu der von den Teilnehmern für die Lösung jeweils zu erbringenden wissenschaftlichen oder fachlichen Leistung steht (§ 23 Abs.2).

Anwendungsbeobachtungen (AWB)
→ § 18 (→ ANHANG 1)

Anwendungsbeobachtungen sind wissenschaftliche Untersuchungen in den genehmigten Anwendungsgebieten nach der Zulassung oder Registrierung eines Arzneimittels, die der Gewinnung neuer Erkenntnisse über die Anwendung eines Arzneimittels und dessen Wirksamkeit und Verträglichkeit in der Praxis dienen.

AWB werden an Patienten durchgeführt, die in den beteiligten Arztpraxen oder Kliniken mit einem bestimmten Arzneimittel behandelt werden. Während der in einem einheitlichen Beobachtungsplan vorgesehenen Beobachtungsdauer soll beim jedem Arzt-Patient-Kontakt eine standardisierte Befunderhebung stattfinden.
Im Unterschied zur → klinischen Arzneimittelprüfung wird die diagnostische und therapeutische Vorgehensweise der beteiligten Ärzte nicht beeinflusst, sondern folgt ausschließlich der ärztlichen Praxis.

Es gilt der Grundsatz der → Nichtintervention.

Planung, Gestaltung und Durchführung von AWB haben sich zurzeit noch an den vom Bundesinstitut für Arzneimittel und Medizinprodukte (BfArM) herausgegebenen „Empfehlungen zur Planung, Durchführung und Auswertung von Anwendungsbeobachtungen vom 12.11.1998" (→ Empfehlungen des

BfArM (→ ANHANG 6)), zukünftig nach deren Inkrafttreten an den von BfArM und Paul-Ehrlich-Institut (PEI) entwickelten neuen → Gemeinsamen Empfehlungen zur Planung und Durchführung von Anwendungsbeobachtungen (→ ANHANG 7) zu „orientieren". Diese müssen befolgt werden.

Die zu sammelnden Erkenntnisse betreffen den alltäglichen routinemäßigen Umgang der Ärzte und Patienten mit den Arzneimitteln und/oder deren beabsichtigte Wirkungen, Risiken, unerwünschte Nebenwirkungen.

Ergebnisse von AWB sind im Zulassungs- oder Nachzulassungsverfahren als wissenschaftliches Erkenntnismaterial verwertbar, wenn Planung und Durchführung wissenschaftlich nachvollziehbaren Kriterien entsprechen.

AWB unterliegen nicht den für klinische Prüfungen geltenden arzneimittelrechtlichen Regelungen und auch nicht den Anforderungen der
→ „Good Clinical Practice (GCP)".

Jede AWB muss den kassenärztlichen Bundesvereinigungen, den Spitzenverbänden der Krankenkassen und dem → Bundesinstitut für Arzneimittel und Medizinprodukte (BfArM) angezeigt werden (§ 67 Abs.6 AMG).

Unzulässig sind AWB, die nicht ausschließlich zur Gewinnung neuer Erkenntnisse über das in Rede stehende Arzneimittel, sondern zusätzlich oder stattdessen zur (unmittelbaren/direkten) Umsatzsteigerung durchgeführt werden. Denn damit wären sie eine missbräuchliche Form der Zusammenarbeit von Ärzten und pharmazeutischen Unternehmen, die offen oder versteckt maßgeblich dem Zweck der verkaufsfördernden unlauteren Beeinflussung von Therapie- und Verordnungsentscheidungen diente (→ Scheinverträge).

Praxisfälle:
Der unlautere Zweck
- tritt offen zutage,
  - wenn aus den Unterlagen des Unternehmens zu entnehmen ist, dass die Entscheidung über die AWB mit dem erklärten Ziel verbunden wird, für das in Rede stehende Arzneimittel „bis zum Jahresende 35.000 neue Patienten zu rekrutieren",

- ist durch Indizien belegt,
  - wenn bereits in Projektunterlagen die Erforderlichkeit von „Neueinstellungen" oder „Umstellungen" auf das zu beobachtende Arzneimittel als Teilnahmevoraussetzung erwähnt wird,
  - wenn den Ärzten durch ein „erfolgsabhängig" gestaffeltes Angebot materieller Vorteile Anreize zu zusätzlichen Verordnungen des zu beobachtenden Arzneimittels gesetzt werden,
  - wenn in anderer Weise eindeutig auf das Verordnungsverhalten der beteiligten Ärzte Einfluss genommen wird oder erkennbar genommen werden soll,
  - wenn das Unternehmen aus der AWB wegen unvollständiger Angaben zum Studienplan, zur Gruppenbildung, zur Datenerhebung und zu Maßnahmen der Qualitätssicherung überhaupt keine konkreten wissenschaftlichen Informationen gewinnen kann,
  - wenn die Ergebnisse der AWB von dem Unternehmen nicht ausgewertet und nachverfolgt werden.

Um von vornherein nicht den Verdacht aufkommen zu lassen, die ins Auge gefasste AWB diene lediglich Marketingzwecken, empfiehlt es sich, ihre Planung, Implementierung, Durchführung und Auswertung sowie die Qualitätssicherung nicht durch Mitarbeiter der Marketingabteilung, sondern ausschließlich in der Verantwortung der medizinischen Abteilung abzuwickeln. Das gilt insbesondere auch für den Einsatz von Pharmaberatern, die im Rahmen von AWB allenfalls mit administrativen Aufgaben zu betrauen sind.

Das Unternehmen hat die geplante Anzahl der Patienten sowie die Höhe der Vergütung in Unterlagen zu begründen und zu dokumentieren.

Die → Vergütung der AWB ist so zu bemessen, dass sie keinen Anreiz zur Verordnung eines Arzneimittels gibt.

Das ärztliche Berufsrecht bestimmt: Zahlungen für Anwendungsbeobachtungen dürfen nicht dazu dienen, eine Änderung der Arzneimittelverordnung (Wechsel des Präparats) ohne medizinische Veranlassung herbeizuführen (→ Hinweise Bundesärztekammer zu § 33 MBO-Ä (→ ANHANG 5)).

Die Vergütung muss in Geld bestehen.

Zur → Angemessenheit der Vergütung von Ärzten → Vergütung, ergänzend: → Zusammenarbeit mit Ärzten (vertraglich).

Für die Berechnung der Höhe einer angemessenen Vergütung ist eine „Orientierung" an Nr. 80 und Nr. 85 nebst Nr. 95, Nr. 96 und § 10 Abs.1 Ziff.2 → Gebührenordnung für Ärzte (GOÄ) hilfreich.
Auf diese Weise wird die Abwicklung des geschäftlichen Teils der AWB vereinfacht, weil zahlenmäßige Anhaltspunkte zur Verfügung stehen, an die sich die Unternehmen anlehnen können. Zwingend vorgeschrieben ist dies allerdings nicht.

Zuverlässige Beurteilung der → Angemessenheit der → Vergütung setzt unbedingt voraus: Zeitaufwand und Schwierigkeit der einzelnen vertragsgemäßen Arbeiten, wie sie im konkreten Fall voraussichtlich durchschnittlich zu erwarten sind, müssen vorab realistisch ermittelt und nachvollziehbar schriftlich niedergelegt werden.

Arbeitsessen
→ § 22 (→ ANHANG 1)

Zu einem Arbeitsessen dürfen Ärzte ohne → Begleitpersonen in einem angemessenen Umfang eingeladen werden.

Was unter → Angemessenheit zu verstehen ist, ist nicht in Euro/Cent auszudrücken. Ein Arbeitsessen darf einerseits den Regeln des Umgangs und der Höflichkeit entsprechen, andererseits jedoch nicht den Eindruck einer unlauteren Beeinflussung des Arztes erwecken.
Nach allgemeiner Auffassung (Spruchpraxis des FSA) können € 50 bis € 60 für ein Essen mit Getränken als Orientierungsgröße angenommen werden.
Ein solcher Betrag findet seine Stütze auch in Empfehlungen der Bundesärztekammer aus dem Jahre 2003 (→ Hinweise Bundesärztekammer zu § 33 MBO-Ä

(→ ANHANG 5)), die den Ärzten die Annahme von Zuwendungen bis € 50 zugestehen.
Dieser Wert muss aber nicht in allen Fällen angemessen sein. Er kann sich je nach Situation auch gelegentlich als zu hoch oder zu niedrig erweisen.

Dafür sind die Umstände des konkreten Einzelfalls (z. B. Bedeutung der Besprechung für das Unternehmen, Kompetenz und Ansehen der eingeladenen Gesprächspartner, allgemeines Preisniveau der Region) zu würdigen.
Weitere Kriterien für die Angemessenheit: → Bewirtung.

Die Bewirtung darf kein Selbstzweck sein. Gerechtfertigt ist ein solches Essen nur dann, wenn dabei Fachfragen oder der Stand eines Projektes erörtert werden, in dem der Arzt für ein Unternehmen tätig werden soll. Ein Verkaufsgespräch reicht als Anlass nicht aus.

Der Anlass eines Arbeitsessens ist zu dokumentieren.

Arzneimittelgesetz (AMG)

Das „Gesetz über den Verkehr mit Arzneimitteln" vom 24.08.1976 in der Fassung der Bekanntmachung vom 12.12.2005, zuletzt geändert durch Gesetz vom 23.11.2007:

Es enthält insbesondere Vorschriften für die Herstellung, Prüfung, Zulassung, Registrierung, Kontrolle, Verschreibung und Abgabe von Arzneimitteln sowie für die Verbraucheraufklärung (Packungsbeilage gemäß § 11) und die (verschuldensunabhängige) Gefährdungshaftung pharmazeutischer Unternehmer (§ 84).
§§ 40 ff beinhalten (an der → Deklaration von Helsinki orientierte) Maßnahmen zum Schutz von Personen, die an einer → klinischen Arzneimittelprüfung teilnehmen.

Arzneimittelprüfung
→ Klinische Arzneimittelprüfung

Aufgaben und Schulung der Mitarbeiter und beauftragten Dritten
→ § 26 (→ ANHANG 1)

§ 26 bestimmt:
Die Unternehmen haben ihre Mitarbeiter und beauftragte → Dritte, die im Bereich der Werbung für Arzneimittel tätig sind oder mit Angehörigen der → Fachkreise zusammenarbeiten, auf den Kodex zu verpflichten und dessen Einhaltung durch geeignete organisatorische Vorkehrungen sicher zu stellen. Dazu kann auch die Etablierung eines oder mehrerer → Compliance Officer(s) dienen.

Die Verpflichtung der Mitarbeiter und beauftragten Dritten hat aus Gründen der Klarheit und Verbindlichkeit schriftlich zu geschehen.
Ergänzend: → Qualifikation und Aufgaben der Mitarbeiter und beauftragten Dritten.

Auslagen

Ist im Rahmen einer → Zusammenarbeit mit Ärzten (vertraglich) zur Erfüllung der geschuldeten ärztlichen Leistung eine Reise, eine Hotelunterbringung oder ein sonstiger zusätzlicher Aufwand notwendig, kommt die Erstattung von Auslagen und → Spesen des Arztes durch das beauftragende Unternehmen in Betracht. Diese darf einen angemessenen Umfang nicht übersteigen.

Die notwendige → Angemessenheit bedeutet nicht, dass eine über vernünftige Sparsamkeit hinaus gehende spartanische Einfachheit mit Verzicht auf jede Bequemlichkeit gefordert ist. Denn „angemessen" darf nicht, wie es vielfach unreflektiert geschieht, einfach nur als Synonym für „möglichst billig" aufgefasst werden.

Angemessen ist eine Handlung, die den Umständen, unter denen sie geschieht, nach allgemeinen Wertmaßstäben gerecht wird, indem sie diese Umstände mit Augenmaß berücksichtigt und ohne Über- oder Untertreibung annähernd widerspiegelt. Solche Umstände sind beispielsweise auch die Gepflogenheiten des Handelnden in vergleichbaren Situationen oder bei einer Leistung deren wertmäßige Vergleichbarkeit mit einer etwaigen Gegenleistung.

Da der Auslagen- und Spesenersatz eine Ergänzung zur → Vergütung darstellt, wird es hier maßgeblich darauf ankommen, dass in der Summe der Zahlungen kein Missverhältnis zum Wert der erbrachten ärztlichen Leistung entsteht.

Nicht kodexkonform ist deshalb die Erstattung eines „Luxus", der zusammen mit der vereinbarten und gezahlten Vergütung den Wert der geschuldeten Leistung offensichtlich erheblich übersteigt. In einem solchen Fall entsteht leicht der Verdacht, die überzogene Erstattung stelle über den angemessenen Ausgleich der erbrachten ärztlichen Leistungen hinaus auch eine Honorierung weiterer, nicht ausdrücklich genannter Willfährigkeit des Arztes gegenüber dem Unternehmen dar. Das ist kodex- und wettbewerbswidrig.

Unter diesem Blickwinkel sind kritisch zu beurteilen:
Arbeitsessen in „Sternerestaurants" oder in Restaurants der „Erlebnisgastronomie", Übernachtungen in höchstpreisigen Luxushotels, First-Class-Flugtickets.
Als nicht unangemessen werden regelmäßig angesehen:
Business-Class-Flugtickets bei Überseeflügen und Bahnfahrten Erster Klasse.

Begleitpersonen
→ §§ 19 Abs.7, 22 (→ ANHANG 1)

Pharmazeutische Unternehmen dürfen keine Begleitpersonen von Ärzten zu → Fortbildungsveranstaltungen (intern), → Fortbildungsveranstaltungen (extern) und → Arbeitsessen einladen.

Reise- und Bewirtungskosten dürfen insoweit nicht übernommen werden.

Begleitperson ist jeder, der nicht als Teilnehmer der Veranstaltung oder des Arbeitsessens in Betracht kommt (z. B. Ehegatten, Kinder, Freunde oder Mitarbeiter des Teilnehmers). Auch andere Ärzte können Begleitpersonen sein, wenn deren Tätigkeitsgebiet keinen inhaltlichen Bezug zu den Themen der Veranstaltung oder des Arbeitsessens aufweist.
Beispiel: Ein Neurologe darf seine Ehefrau nicht zu einem Epilepsieseminar mitbringen, wenn diese HNO-Ärztin ist.

Bereits das Organisieren der Mitreisemöglichkeit einer Begleitperson durch das Unternehmen ist nicht gestattet, unabhängig davon, ob diese oder der eingeladene Arzt die Kosten dafür selbst trägt.
Jeder Anschein eines auch privaten Charakters der Veranstaltung muss vermieden werden.
Es empfiehlt sich daher, bereits in der Einladung darauf hinzuweisen, dass Begleitpersonen nicht teilnehmen dürfen.

Beistellung

Beistellung nennt man die zulässige vorübergehende Überlassung von Geräten (z.B. Diagnosegeräten) durch ein pharmazeutisches oder medizintechnisches Unternehmen an den Arzt zum ausschließlichen Einsatz innerhalb eines vereinbarten gemeinsamen Projekts (Untersuchung, Forschung, Vortrag). Sie ist an die Dauer des Projekts gebunden.

Anlass zur Beistellung kann es beispielsweise geben, wenn im Rahmen eines größeren Forschungsvorhabens die Vergleichbarkeit erhobener Daten sicherzustellen ist und deshalb alle an dem Projekt beteiligten Ärzte gleiche Diagnosegeräte benutzen müssen oder wenn für ärztliche Untersuchungen ein besonders teures Gerät erforderlich ist, dessen Anschaffung allein zu Zwecken des Projekts den Arzt wirtschaftlich überfordern würde.
Auch die vorübergehende Zurverfügungstellung eines Laptops oder eines Beamers an einen ärztlichen Referenten kommt als Beistellung infrage, wenn ein solches Gerät für die geschuldete Vortragstätigkeit sinnvoll ist und ausschließlich in diesem Rahmen verwendet wird.

Die Beistellung ist nicht die → Gegenleistung des Unternehmens für die Leistung des Arztes und damit nicht eine (vollständige oder teilweise) → Vergütung, sondern ein rechtlich in der Sphäre des Unternehmens verbleibender eigener Beitrag zum Gelingen des gemeinsamen Projekts.

Ob eine Beistellung in einem konkreten Fall tatsächlich vorliegt oder nur vorgetäuscht wird und in Wahrheit dem Arzt das Gerät als dauerhafter persönlicher materieller Vorteil zugewendet wird, ist verhältnismäßig leicht ermittelbar: Unabdingbare Voraussetzungen und damit zuverlässige Anzeichen für das Vorliegen einer Beistellung sind
- die eindeutige schriftliche vertragliche Fixierung des Projekts (Forschungsvorhaben, Vortragsveranstaltung),
- der Umstand, dass das überlassene Gerät ausschließlich für die Arbeit innerhalb des Projekts und nicht auch für sonstige Zwecke der Arztpraxis/Klinik eingesetzt wird,
- die vertragliche und tatsächliche zeitliche Begrenzung der Überlassung für die Dauer des Projekts.

Sind diese drei Anhaltspunkte sicher feststellbar, kann regelmäßig von einer kodexkonformen Beistellung ausgegangen werden.

Keine Gegenleistung für die Leistung des Arztes und damit kein Vergütungsbestandteil ist auch, wenn ein Unternehmen als Auftraggeber eines Projekts dem Arzt einzelne Mitarbeiter zur Unterstützung bei der Anwendung von Geräten (Einweisung/Bedienung) zur Verfügung stellt.

Auch in diesen Fällen erbringt das Unternehmen rechtlich in seiner eigenen Sphäre verbleibende Beiträge zum Gelingen des jeweiligen gemeinsamen Projekts.

Berater-Workshop

Eine besondere Form der Zusammenarbeit ist der Berater-Workshop. In einer solchen Veranstaltung geht es
- um berufs- und produktbezogene Unterrichtung des einladenden Unternehmens durch die teilnehmenden Ärzte,

- nicht um Fortbildung der Ärzte durch das Unternehmen.

Ärzte erbringen sinnvolle und nützliche Leistungen für Unternehmen und können dafür angemessen vergütet werden.

Zur Abgrenzung eines (Vergütungen ermöglichenden) Berater-Workshops gegen eine (keine Teilnehmerhonorierung auslösende) reine Fortbildungsveranstaltung ist abzustellen auf die Richtung des überwiegenden „Wissensflusses":
- Geht die überwiegende Wissensvermittlung von den teilnehmenden Ärzten zu dem an diesem Wissen interessierten Unternehmen, dem es auch objektiv von Nutzen ist, liegen ärztliche Leistungen vor, die Vergütungen rechtfertigen.
- Geht die überwiegende Wissensvermittlung von dem Unternehmen (oder von einem für dieses handelnden Dritten) aus, prägt die Fortbildung der Teilnehmer den Charakter der Veranstaltung und kommen Honorare an die Teilnehmer grundsätzlich nicht in Betracht.

  Lediglich wenn in einem solchen Fall ein Teilnehmer auch noch aufgrund besonderer Vereinbarung als Vortragender in die Organisation der Veranstaltung eingebunden ist, kann er hierfür, nicht aber für seine Teilnahme als solche honoriert werden.

Lädt ein Unternehmen Ärzte schriftlich zu einem Berater-Workshop ein und braucht diese Einladung nur einfach (ohne weitere Erklärungen der Ärzte) angenommen zu werden, dann bringt diese Annahme den Vertrag zwischen dem Unternehmen und dem einzelnen Arzt zustande und ergibt sich der Inhalt des Vertrags allein aus der Einladung.

In diesem Fall muss die Einladung sämtliche Einzelheiten der von dem jeweiligen Arzt zu erbringenden Leistung und der dafür zu zahlenden Vergütung klar und eindeutig enthalten.

Der Arzt muss die Zusage schriftlich geben und unterzeichnen, damit auch er „den Vertrag unterschrieben" hat.

Zur Höhe der Leistung des Unternehmens: → Vergütung, → Angemessenheit, → Zusammenarbeit mit Ärzten (vertraglich).

Berufsordnung für die deutschen Ärztinnen und Ärzte

Der 100. Deutsche Ärztetag hat 1997 eine (Muster-) Berufsordnung (MBO-Ä) beschlossen, die bis zum 107. Deutschen Ärztetag 2004 mehrfach novelliert und durch einen Beschluss des Vorstands der Bundesärztekammer 2006 noch einmal geändert wurde.
Rechtswirkung entfaltet diese Berufsordnung, soweit sie durch die Kammerversammlungen der (Landes-) → Ärztekammern als Satzung beschlossen und von den Aufsichtsbehörden genehmigt worden ist.
Jede (Landes-) Ärztekammer hat somit ihre eigene Berufsordnung, die in Details von der (Muster-) Berufsordnung abweichen kann.

Inhalt der MBO-Ä sind allgemeine Regeln zur Berufsausübung, Grundsätze korrekter ärztlicher Berufsausübung als Verhaltensregeln sowie die Festlegung besonderer Berufspflichten.

Mit der „Wahrung der ärztlichen Unabhängigkeit bei der Zusammenarbeit mit Dritten" befassen sich §§ 30 bis 35 MBO-Ä. Ihnen entspricht inhaltlich im Wesentlichen der → AKG-Verhaltenskodex (→ ANHANG 1).
§ 33 MBO-Ä regelt das Verhältnis von „Arzt und Industrie":
1. Soweit Ärzte Leistungen für die Hersteller von Arznei-, Heil- und Hilfsmitteln oder Medizinprodukten erbringen (z.B. bei der Entwicklung, Erprobung und Begutachtung), muss die hierfür bestimmte Vergütung der erbrachten Leistung entsprechen.
Die Verträge über die Zusammenarbeit sind schriftlich abzuschließen und sollen der Ärztekammer vorgelegt werden.
2. Die Annahme von Werbegaben oder anderen Vorteilen ist untersagt, sofern der Wert nicht geringfügig ist.
3. Dem Arzt ist nicht gestattet, für den Bezug der in Abs.1 genannten Produkte Geschenke oder andere Vorteile für sich oder einen Dritten zu fordern. Diese darf er auch nicht sich oder Dritten versprechen lassen oder annehmen, es sei denn, der Wert ist geringfügig.
4. Die Annahme von geldwerten Vorteilen in angemessener Höhe für die Teilnahme an wissenschaftlichen Fortbildungsveranstaltungen ist nicht berufswidrig. Der Vorteil ist unangemessen, wenn er die Kosten der Teilnahme (notwendige Reisekosten, Tagungsgebühren) des Arztes an der

Fortbildungsveranstaltung übersteigt oder der Zweck der Fortbildung nicht im Vordergrund steht. Satz 1 und 2 gelten für berufsbezogene Informationsveranstaltungen von Herstellern entsprechend.

Die Berufsordnungsgremien der Bundesärztekammer haben 2003 zu §§ 30 ff MBO-Ä und namentlich zu § 33 MBO-Ä besondere Hinweise und Erläuterungen „Wahrung der ärztlichen Unabhängigkeit bei der Zusammenarbeit mit Dritten" als Auslegungsgrundsätze beschlossen.
→ Hinweise Bundesärztekammer zu § 33 MBO-Ä (→ ANHANG 5).

Homepage der Bundesärztekammer: www.bundesaerztekammer.de

Bestechlichkeit (§ 332 StGB)
→ Strafvorschriften (→ ANHANG 9)

§ 332 StGB regelt die strafrechtlichen Folgen der Bestechlichkeit eines → Amtsträgers oder eines „für den öffentlichen Dienst besonders Verpflichteten".

Die Bestechlichkeit ist die der → Bestechung (§ 334 StGB) spiegelbildliche Tathandlung.

Inhaltlich gleicht die Tathandlung („Unrechtsvereinbarung") der der
→ Vorteilsannahme (§ 331 StGB).
Allerdings genügt hier – anders als dort – nicht eine Zuwendung zur reinen „Klimaverbesserung", zur Erzeugung von „Wohlwollen" bei der „allgemeinen Dienstausübung".

Bezweckt werden muss eine konkrete Diensthandlung, die eine Dienstpflichtverletzung darstellt. Diese konkrete Diensthandlung darf nicht erst durch die Verknüpfung mit dem Vorteil, sondern muss schon an sich pflichtwidrig sein.

Die Diensthandlung braucht nicht im Einzelnen festgelegt zu sein. Ausreichend ist, wenn unter den Beteiligten Einverständnis darüber besteht, dass der Empfänger des Vorteils innerhalb eines bestimmten Aufgabenkreises in eine gewisse Richtung tätig werden soll und die Diensthandlung nach ihrem sachlichen Gehalt zumindest in groben Umrissen erkennbar ist.

Davon ist z.B. auszugehen, wenn ein Amtsträger zusagt, in einer bestimmten Angelegenheit oder bei zukünftigen Auftragsvergaben für den Zuwendenden tätig zu werden, um einen zwischen den Beteiligten jedenfalls allgemein bestimmten Erfolg zu erreichen.

- So ist bei Bezahlung von Kongressreisen oder ähnlichen Veranstaltungen für einen an Beschaffungs-Entscheidungen maßgeblich beteiligten Arzt eines Klinikums durch einen Hersteller von Arzneimitteln oder Medizinprodukten nach höchstrichterlicher Rechtsprechung das „Sich-Bereit-Zeigen" zu bejahen, wenn der Zuwendende mit dem Ziel der Beeinflussung handelt und der Empfänger dies erkennend den Vorteil annimmt, wobei er dem Zuwendenden unmissverständlich signalisiert, dass er „verstanden" hat.

Für die Definitionen der Begriffe Amtsträger und „für den öffentlichen Dienst besonders Verpflichteter" → Amtsträger.

Für die als Vorteil in Betracht kommenden Leistungen: → Vorteilsannahme (§ 331 StGB).

Hinweise zur Zusammenarbeit der Industrie mit medizinischen Einrichtungen und deren Mitarbeitern: → Gemeinsamer Standpunkt der Verbände (→ ANHANG 3).

Bestechung (§ 334 StGB)
→ Strafvorschriften (→ ANHANG 9)

§ 334 StGB regelt die strafrechtlichen Folgen der Bestechung eines → Amtsträgers oder eines „für den öffentlichen Dienst besonders Verpflichteten".

Die Bestechung ist die der → Bestechlichkeit (§ 332 StGB) spiegelbildliche Tathandlung.

Inhaltlich muss sich die Tathandlung („Unrechtsvereinbarung") wie die der Bestechlichkeit auf eine konkrete Diensthandlung beziehen. Außerdem muss sie eine Dienstpflichtverletzung bezwecken.

Anders als bei der → Vorteilsannahme (§ 331 StGB) genügt nicht die Herbeiführung allgemeinen „Wohlwollens" und ist nicht die rechtmäßige Dienstausübung erfasst.

Für die Definitionen der Begriffe Amtsträger und „für den öffentlichen Dienst besonders Verpflichteter" → Amtsträger.
Für die als Vorteil in Betracht kommenden Leistungen → Vorteilsannahme (§ 331 StGB).

Nach § 334 Abs.3 StGB ist es bereits strafbar, wenn der Täter mit seiner Tat nur den Versuch unternimmt, dass der mögliche Begünstigte eine pflichtwidrige Diensthandlung begeht oder sich bei Ausübung von Ermessen durch den Vorteil beeinflussen lässt.
Nicht erforderlich ist, dass der Vorteil tatsächlich in die Hand des möglichen Begünstigten gelangt, dass die Diensthandlung wirklich vorgenommen wird oder dass der mögliche Begünstigte den Bestechungszweck überhaupt erkennt.

Hinweise zur Zusammenarbeit der Industrie mit medizinischen Einrichtungen und deren Mitarbeitern: → Gemeinsamer Standpunkt der Verbände (→ ANHANG 3).

Bestechlichkeit und Bestechung im geschäftlichen Verkehr (§ 299 StGB)
→ Strafvorschriften (→ ANHANG 9)

§ 299 StGB regelt die strafrechtlichen Folgen der Bestechlichkeit und der Bestechung eines Angestellten oder Beauftragten eines geschäftlichen Betriebs.

Geschäftlicher Betrieb ist jede auf gewisse Dauer betriebene Tätigkeit im Wirtschaftsleben, die sich durch Austausch von Leistungen und Gegenleistungen vollzieht.
Auch rein karitativen oder sozialen Zwecken dienende Betätigungen sind erfasst, soweit sie mit wirtschaftlichem Handeln verbunden sind.
(Private) Krankenhäuser, andere (private) medizinische Einrichtungen und die freie Berufsausübung niedergelassener Ärzte zählen dazu.

Angestellter i.S.v. § 299 StGB ist, wer in einem mindestens faktischen Dienstverhältnis zum Geschäftsherrn steht, dessen Weisungen unterworfen ist und auf die geschäftliche Betätigung des Betriebs Einfluss nehmen kann.

Beauftragter ist, wer, ohne Angestellter zu sein, befugtermaßen für einen Geschäftsbetrieb tätig wird.
- Niedergelassene Kassenärzte sind nach höchstrichterlicher Rechtsprechung und überwiegender Meinung in der juristischen Literatur (auch bei Zwischenschaltung der Kassenärztlichen Vereinigung als Verrechnungsstelle) „Beauftragte der Krankenkassen".

Ein Vorteil muss als Gegenleistung für eine künftige unlautere Bevorzugung gefordert, angeboten, versprochen oder angenommen werden.

Vorteil ist alles, was die Lage des Empfängers irgendwie verbessert, ohne dass er darauf Anspruch hat. Dazu näher: → Vorteilsannahme (§ 331 StGB).

Inhaltlich gleicht die Tathandlung („Unrechtsvereinbarung") der der → Vorteilsannahme (§ 331 StGB). Allerdings genügt hier – anders als dort – nicht eine Zuwendung zur reinen „Klimaverbesserung", zur Erzeugung von „Wohlwollen" bei der Gestaltung der geschäftlichen Beziehungen.
Die Tat muss sich auf eine bestimmte Bevorzugung beziehen.

Bevorzugung ist das Einräumen des entscheidenden Vorsprungs im Wettbewerb gegenüber den Mitbewerbern und betrifft im hier relevanten Zusammenhang den Bezug von Waren. Bezug ist alles, was mit dem Erhalt und der Abwicklung der Lieferung zusammenhängt, also insbesondere auch Bestellung, Abnahme, Prüfung und Bezahlung.
- Werbung für Arzneimittel oder Medizinprodukte gegenüber Kassenärzten durch ersichtlich sachfremde Zuwendungen ohne medizinischen Informationswert kann leicht den Verdacht nahe legen, mit ihr solle auf Verordnungs- oder Beschaffungsentscheidungen unlauter Einfluss genommen werden. Dann steht die Erfüllung von § 299 StGB im Raum. Das gilt für produktbezogene Werbung wie für Imagewerbung.
- Der Verdacht wird nach der Lebenserfahrung in den Fällen anzunehmen sein, in denen der Wert der Zuwendungen ein Ausmaß erreicht, das unter

Berücksichtigung des gewöhnlichen Lebenszuschnitts des jeweiligen Empfängers geeignet erscheint, dessen moralische Bedenken gegen unethisches Verhalten und Standesrechtsverletzungen zugunsten des materiellen Vorteils in den Hintergrund treten zu lassen.

Hiervon wird man regelmäßig auszugehen haben bei der Zuwendung von
- Rückvergütungen oder verdeckten Preisnachlässen im Zusammenhang mit dem Bezug von Praxisbedarf,
- Privatreisen,
- Schein-Tagungen,
- Freizeitangeboten,
- Hobby-Ausrüstungen,
- Büromaschinen oder elektronischen Geräten,
- Vergünstigungen beim Erwerb von Luxusgütern,
- Logierkosten für den mitgereisten Ehepartner,
- Honoraren für von vornherein als wertlos erkennbare „Studien",
- Honoraren für ärztliche Vorträge, Gutachten, Veröffentlichungen, die das zuwendende Unternehmen selbst verfasst hat.

Als sozialadäquat und damit nicht unethisch wird angesehen
- die Versorgung mit geringwertigen Schreibgeräten und Terminkalendern.

Hinweise zur Zusammenarbeit der Industrie mit medizinischen Einrichtungen und deren Mitarbeitern: → Gemeinsamer Standpunkt der Verbände (→ ANHANG 3).

Bewirtung
→ §§ 19 Abs.2, 22 (→ ANHANG 1)

Die Bewirtung von Ärzten ist erlaubt anlässlich einer → Fortbildungsveranstaltung (intern) und im Rahmen eines → Arbeitsessens.
Sie darf einen angemessenen Rahmen nicht überschreiten (→ Angemessenheit).

Welcher Bewirtungsumfang angemessen ist, ist nicht allgemein festlegbar. Kriterien für die Beurteilung sind z.B.: Umfang, Intensität und/oder Bedeutung der Zusammenarbeit mit der bewirteten Person, Ansehen, Stellung und/oder

Gepflogenheiten der bewirteten Person, Besonderheiten der Fortbildungsveranstaltung (lange Dauer, zusätzlicher Diskussionsbedarf, verstärktes Informationsbedürfnis), Preisniveau der Region, Art und Umfang des Speise- und Getränkeangebots.

Der FSA hat in einer neueren Entscheidung für ein Essen mit Getränken € 60 als zulässig erachtet. Dieser Wert muss aber nicht in allen Fällen angemessen sein. Er kann sich je nach Situation auch gelegentlich als zu hoch oder zu niedrig erweisen. Dafür kommt es auf die Umstände des Einzelfalls an.

Bei → Fortbildungsveranstaltungen (extern) dürfen über Reise- und Übernachtungskosten (einschließlich des Frühstücks) hinaus Bewirtungskosten (z. B. für Mittag- oder Abendessen) nicht erstattet/übernommen werden (§ 19 Abs.4).

BPI-Kodex
→ ANHANG 2

Die Mitgliedsunternehmen des Bundesverbandes der Pharmazeutischen Industrie (BPI) haben bereits 1969 Richtlinien für die Arzneimittelwerbung beschlossen. Damit gaben sie sich eigene Verhaltensregeln für den Wettbewerb.

Werbung und intensiver Wettbewerb wurden als wesentliche Elemente der Marktwirtschaft betont. Zugleich aber bekannten sich die BPI-Mitglieder dazu, dass alle Werbemaßnahmen einen angemessenen Rahmen einzuhalten haben.

Die Richtlinien sollen seriöse Geschäfte fördern und unlauteren Wettbewerb verhindern. Sie orientieren sich an den Gesetzen (Heilmittelwerbegesetz (HWG), Arzneimittelgesetz (AMG), Gesetz gegen den unlauteren Wettbewerb (UWG), Strafgesetzbuch (StGB)) und der dazu ergangenen Rechtsprechung.

Im Laufe der Jahre wurden die Richtlinien regelmäßig den sich ändernden rechtlichen Rahmenbedingungen angepasst. Seit 1974 sind sie vom Bundeskartellamt als Wettbewerbsregeln anerkannt und in das dafür eingerichtete Register eingetragen. Nach vollständiger Überarbeitung und Ergänzung erhielten sie 1981 den Namen „Kodex der Mitglieder des Bundesverbandes der Pharmazeutischen Industrie e.V.". Ihre letzte Änderung erfuhren sie im November 2001.

Mit der Anerkennung des BPI-Kodex als Zusammenfassung von Wettbewerbsregeln kann er in einschlägigen Gerichtsverfahren Maßstäbe für die Beurteilung von Werbeaktivitäten liefern. Er gibt Anhaltspunkte dafür, welches Wettbewerbsverhalten nach der Auffassung der beteiligten Verkehrskreise unlauter ist.

Der BPI-Kodex gilt für alle Arzneimittel im Sinne des § 2 AMG, unabhängig davon, ob sie verschreibungspflichtig („Rx") sind oder nicht („non-Rx").

Homepage des BPI: www.bpi.de

Bücher
→ Fachbücher

Bundesinstitut für Arzneimittel und Medizinprodukte (BfArM)

Das Bundesinstitut für Arzneimittel und Medizinprodukte (BfArM) ist eine selbständige Bundesoberbehörde mit rund 1000 Mitarbeitern (Mediziner, Pharmazeuten, Chemiker, Biologen, technischen Assistenten, Verwaltungsangestellten) im Geschäftsbereich des Bundesministeriums für Gesundheit. Es hat seinen Sitz in Bonn.
Hervorgegangen ist es aus dem früheren Institut für Arzneimittel des aufgelösten Bundesgesundheitsamts. Seine generelle Aufgabe ist die Abwehr von Gesundheitsgefahren durch kontinuierliche Verbesserung der Arzneimittelsicherheit und Risikoüberwachung von Medizinprodukten sowie die Überwachung des Betäubungsmittel- und Grundstoffverkehrs.

Aufgabenschwerpunkte sind:
- Zulassung (auf fünf Jahre befristet) und Registrierung von Fertigarzneimitteln nach vorangegangenem Genehmigungsverfahren mit Prüfung des Nachweises der Wirksamkeit, Unbedenklichkeit und der angemessenen pharmazeutischen Qualität gemäß → Arzneimittelgesetz (AMG),
- Genehmigung klinischer Prüfungen von Arzneimitteln
  → Klinische Arzneimittelprüfung (AMP),
- nach Zulassung: Sammeln und Bewerten etwaiger Berichte zu unerwünschten Arzneimittelwirkungen (UAW) sowie gegebenenfalls Einleiten erforderlicher Maßnahmen zur Risikominimierung durch die Abteilung Pharmakovigilanz,
- Erteilen der Erlaubnisse zur Teilnahme am legalen Verkehr mit Betäubungsmitteln und Grundstoffen sowie Überwachung dieses Verkehrs gemäß Betäubungsmittelgesetz und Grundstoffüberwachungsgesetz durch die Bundesopiumstelle,
- Bearbeiten von Vorkommnissen bei der Anwendung von Medizinprodukten (Entgegennahme von Meldungen, Risikobewertung, Prüfung der Angemessenheit etwaiger korrigierender risikominimierender Maßnahmen des Herstellers),
- Mitwirken bei der Entwicklung regulatorischer und wissenschaftlicher Standards und Normen,
- Forschung in den Bereichen „Wirkung von Arzneimitteln und Medizinprodukten" und „Methodenforschung",
- Beratung des Ministeriums sowie Information der Fachkreise und der Öffentlichkeit.

Homepage des BfArM: www.bfarm.de

Compliance Officer
→ § 26 Abs.1 (→ ANHANG 1)

Der Compliance Officer ist ein Unternehmensverantwortlicher, der die konsequente Umsetzung und Einhaltung der geltenden Regeln für die Zusammenarbeit mit den Angehörigen der → Fachkreise überwacht. Als solcher hat er insbesondere die Aufgabe, durch Hilfestellung zu korrektem Verhalten der

Mitarbeiter die straf-, dienst- und steuerrechtlichen Risiken einer solchen Kooperation zu minimieren.

Deklaration von Helsinki

Als „Deklaration von Helsinki" bezeichnet man die Deklaration des Weltärztebundes zu Ethischen Grundsätzen für die medizinische Forschung am Menschen, verabschiedet auf dessen 18.Generalversammlung im Juni 1964.

Der Text wurde in der Folgezeit mehrfach revidiert, zuletzt 2004 in Tokio.

Die Deklaration gilt allgemein als Standard ärztlicher Ethik. Sie wird in vielen Ländern angewendet, allerdings in unterschiedlichen Fassungen. Auch in Deutschland beziehen sich die Ethikkommissionen im Rahmen klinischer Studien derzeit auf verschiedene Revisionen dieser Deklaration.

Dokumentation

Die Unternehmen haben die Unterstützung / Organisation berufsbezogener wissenschaftlicher → Fortbildungsveranstaltungen (extern) und → Fortbildungsveranstaltungen (intern) sowie die Organisation von → Berater-Workshops sorgfältig zu dokumentieren.

Das gilt vor allem für
- die Art der Veranstaltung,
- die Themen der Veranstaltung,
- die Wissenschaftlichkeit des Inhalts der Veranstaltung,
- den Programmablauf,
- die Anwesenheit der Teilnehmer,
- die Berufsbezogenheit (Fachbezogenheit) der Themen für die Teilnehmer,
- das sachliche Interesse des Unternehmens an der Veranstaltungsteilnahme (Bezug zu den eigenen Forschungsgebieten),

- die Dauer der einzelnen Fortbildungsmodule (Referate, Diskussionen),
- die Gesamtdauer der Veranstaltung,
- ggf. die Kriterien für die Auswahl des Tagungsorts,
- ggf. die Kriterien für die Auswahl der Tagungsstätte,
- ggf. die Kriterien für die angemessene Reisemöglichkeit,
- ggf. die Kriterien für die Auswahl des Übernachtungshotels,
- den Umfang der je Teilnehmer gezahlten Reise- und Übernachtungskosten,
- den Umfang der je Teilnehmer gewährten Bewirtungen,
- ggf. den Gegenstand und den Vertragspartner eines Sponsoringvertrags,
- ggf. die Höhe und den Adressaten einer Spende,
- ggf. den Ausschluss der Unterstützung von Begleitpersonen und Unterhaltungsprogrammen.

Dokumentationsprinzip

Das Dokumentationsprinzip ist einer der vier Grundsätze zur Verringerung des Strafbarkeitsrisikos bei der Zusammenarbeit der Hersteller von Arzneimitteln und Medizinprodukten mit Angehörigen der → Fachkreise. Diese Grundsätze sind wesentliche Orientierungspunkte des → Gemeinsamen Standpunkts der Verbände (→ ANHANG 3).

Das Dokumentationsprinzip hat zum Inhalt:
Alle entgeltlichen und unentgeltlichen Leistungen der Unternehmen an Ärzte, an medizinische Einrichtungen und an deren Mitarbeiter sowie an sonstige Angehörige der Fachkreise sind einschließlich ihrer rechtlichen und tatsächlichen Grundlagen schriftlich zu fixieren und auf diese Weise zu dokumentieren.

Das ermöglicht es, die einzelnen Kooperationen jederzeit umfassend nachzuvollziehen und auf ihre Unbedenklichkeit hin zu überprüfen.

Die Unterlagen sind mindestens 6 Jahre lang aufzubewahren. Haben sie steuerliche Relevanz, was regelmäßig der Fall sein wird, beträgt die Aufbewahrungsfrist 10 Jahre. Das ist ein Zeitraum, der auch die in Betracht kommenden zivil- und strafrechtlichen Verjährungsfristen sicher abdeckt.

Dritte(r)
→ §§ 3, 16 (→ ANHANG 1)

Der → AKG-Verhaltenskodex (→ ANHANG 1) verwendet den Begriff Dritte(r) in zweifach unterschiedlichem Sinn:
- § 3 versteht unter Dritten Personen oder Organisationen, die im Auftrag pharmazeutischer Unternehmen für diese die Zusammenarbeit mit Angehörigen der Fachkreise organisieren, gestalten, durchführen: Werbeagenturen, Eventmanager, Kongressveranstalter, Marktforscher, CROs (Contract/Clinical Research Organisations), Vertriebspartner.

  Beispiele solcher nach außen gelegter Zusammenarbeit: Marketingaktionen, Fortbildungsveranstaltungen, Kongresse, klinische Forschungsprojekte, Anwendungsbeobachtungen (AWB), Co-Promotion, Co-Marketing.

  Pharmaunternehmer sind für einwandfreie Abwicklung der Zusammenarbeit durch ihre Auftragnehmer (Dritte) rechtlich verantwortlich.
  Verbote, denen Pharmaunternehmen unterliegen (z.B. Finanzieren oder Organisieren von → Unterhaltungsprogrammen), gelten auch für die von ihnen beauftragten Agenturen. Deshalb haben die Unternehmen ihre Auftragnehmer anzuhalten, den Kodex zu beachten.
  Empfehlung für die Praxis: Auftragnehmer sollten zur Beachtung des Kodex ausdrücklich im Vertrag verpflichtet werden.

  Abweichend von allgemeinen zivilrechtlichen Grundsätzen sind Kodex-verstöße der Auftragnehmer den Pharmaunternehmen nur zuzurechnen, wenn die darin liegenden Sorgfaltspflichtverletzungen von gewisser Dauer und gewisser Häufigkeit sind (Spruchpraxis FSA).

- § 16 versteht unter Dritten diejenigen Personen oder Einrichtungen, die im Zusammenhang mit Verordnung, Anwendung oder Empfehlung eines Arzneimittels neben den zur Entscheidung berufenen Angehörigen der Fachkreise als Empfänger eines verbotenen → Entgelts oder eines verbotenen → sonstigen geldwerten Vorteils in Betracht kommen.
  Das sind solche Personen oder Einrichtungen, die dem entscheidenden (verordnenden, anwendenden, empfehlenden) Arzt oder sonstigen Ange-

hörigen der Fachkreise nahe stehen und deren Begünstigung ihm deshalb bei natürlicher Betrachtungsweise zuzurechen ist.

Beispiele: Mitarbeiter (Praxispersonal), Familienangehörige (Ehepartner), nahe Organisationen (Vereine, Kongressveranstalter, medizinische Fachgesellschaften).

EFPIA-Kodex

Der EFPIA-Kodex ist die Zusammenfassung der Verhaltensregeln der European Federation of Pharmaceutical Industries and Associations – EFPIA.

EFPIA ist ein auf europäischer Ebene tätiger Verband der forschenden pharmazeutischen Industrie mit Sitz in Brüssel.
Ihm gehören als Mitglieder 32 nationale pharmazeutische Verbände und 43 in Europa arbeitende pharmazeutische Unternehmen an.

Neben anderen Aufgaben verfolgt die EFPIA das Ziel, einen fairen und lauteren Wettbewerb der Unternehmen unter Einhaltung der geltenden Gesetze und unter Beachtung der Unabhängigkeit der Angehörigen der Fachkreise zu fördern.

Zu diesem Zweck gibt es seit 2006 einen Verhaltenskodex über
- die Werbung für Arzneimittel und
- die Zusammenarbeit der pharmazeutischen Industrie mit den Angehörigen der Fachkreise.

Er wurde zuletzt im Oktober 2007 novelliert und trägt nun den Titel "EFPIA Code on the Promotion of Prescription-Only Medicines to, and Interactions with, Healthcare Professionals". Der EFPIA Code gilt in den Europäischen Ländern nicht unmittelbar, sondern ist nur eine – die Mitglieder der EFPIA allerdings bindende – Orientierung für nationale Verhaltensregelungen.
In Deutschland findet er sich wieder in den Bestimmungen des FSA-Kodex. Dieser hat ihn als seine Grundlage übernommen und ist erst kürzlich – im Sommer 2008 – entsprechend novelliert worden.

Homepage der EFPIA: www.efpia.org

Empfehlungen des BfArM

Das Bundesinstitut für Arzneimittel und Medizinprodukte (BfArM) hat für die Planung, Gestaltung und Durchführung von AWB → Empfehlungen zur Planung, Durchführung und Auswertung von Anwendungsbeobachtungen vom 12.11.1998 (→ ANHANG 6) herausgegeben.

Diese Empfehlungen müssen befolgt werden.
Sie enthalten vor allem Regelungen über
- die generellen Anforderungen an AWB,
- die methodische Einordnung der AWB,
- die Ziele von AWB,
- den Grundsatz der Nichtintervention,
- unterschiedliche AWB-Formen,
- das Erfordernis eines Studienplans,
- die Notwendigkeit der Qualitätssicherung,
- die Repräsentativität,
- das Erfordernis einer Statistischen Auswertung,
- Patientenaufklärung und –einwilligung,
- Interessenkonflikte und Ethik,
- Anzeigepflichten,
- Bericht und Archivierung,
- Erstattung und Honorierung.

Sind alle Vorgaben der Empfehlungen des BfArM eingehalten, insbesondere auch die für den Studienplan geforderten Angaben dokumentiert, ist dies ein wichtiges Indiz für die Kodexkonformität der AWB.

Fehlen einzelne Vorgaben, z.B. eine klare Zieldefinition oder biometrische Grundüberlegungen zur notwendigen Anzahl der Patienten für das Erzielen valider Ergebnisse oder Maßnahmen zur Qualitätssicherung, ist die AWB nicht kodexkonform.

Das BfArM hat zusammen mit dem Paul-Ehrlich-Institut (PEI) neue → Gemeinsame Empfehlungen zur Planung und Durchführung von Anwendungsbeobachtungen (→ ANHANG 7) erarbeitet. Diese sollen die Empfehlungen vom 12.11.1998 ersetzen. Bislang existiert allerdings nur eine Entwurfsfassung vom 09.05.2007, die zur Kommentierung durch die Fachöffentlichkeit bis zum 20.07.2007 veröffentlicht worden ist.

Entgelt
→ Vergütung

Als Entgelt (= Vergütung) bezeichnet man jede in einem Vermögensvorteil bestehende → Gegenleistung.

Alternativ dazu nennt man die einseitige Zuwendung: → Sonstiger geldwerter Vorteil.

Europäische Richtlinien

Die Europäische Gemeinschaft hat in den Jahrzehnten seit ihrer Gründung im Jahre 1957 ein dichtes Netz von Regelungen für den Arzneimittelbereich geschaffen und damit ein hohes Maß an Rechtsharmonisierung erreicht.
Der Sektor der Arzneimittelzulassung basiert fast ausschließlich auf entsprechenden EG-Richtlinien und -verordnungen.

Von besonderer Bedeutung für Werbung, Wettbewerb und Zusammenarbeit mit Angehörigen der → Fachkreise ist die
Richtlinie 2001/83/EG des Europäischen Parlaments und des Rates vom 06. November 2001 zur Schaffung eines Gemeinschaftskodexes für Humanarzneimittel. Dort heißt es in den Erwägungsgründen
- Nr. 45:
  Öffentlichkeitswerbung für Arzneimittel, die ohne ärztliche Verschreibung abgegeben werden können, könnte sich auf die öffentliche Gesundheit auswirken, wenn sie übertrieben und unvernünftig ist. Die Werbung muss, wenn sie erlaubt wird, bestimmten Anforderungen genügen, die festgelegt werden müssen.

- Nr. 46:
  Ferner ist die Abgabe von Gratismustern zum Zwecke der Verkaufsförderung zu untersagen.
- Nr. 47:
  Die Arzneimittelwerbung bei Personen, die zur Verschreibung oder Abgabe von Arzneimitteln berechtigt sind, trägt zu deren Information bei. Diese Werbung ist jedoch strengen Voraussetzungen und einer wirksamen Kontrolle zu unterwerfen (…)
- Nr. 48:
  Die Arzneimittelwerbung muss angemessen und wirksam kontrolliert werden (…)
- Nr. 49:
  Die Arzneimittelvertreter spielen bei der Verkaufsförderung von Arzneimitteln eine wichtige Rolle. Deshalb müssen ihnen bestimmte Verpflichtungen auferlegt werden, insbesondere jene, der aufgesuchten Person eine Zusammenfassung der Produkteigenschaften auszuhändigen.
- Nr. 50:
  Die zur Verschreibung von Arzneimitteln berechtigten Personen müssen ihre Aufgabe absolut objektiv erfüllen können, ohne direkten oder indirekten finanziellen Anreizen ausgesetzt zu sein.
- Nr. 51:
  Gratismuster von Arzneimitteln sollen unter Einhaltung bestimmter einschränkender Bedingungen an die zur Verschreibung oder Abgabe von Arzneimitteln berechtigten Personen abgegeben werden können, damit sich diese mit neuen Arzneimitteln vertraut machen und Erfahrungen bei deren Anwendung sammeln können.

Fachbücher

Fachbücher sind beliebte und nützliche → Werbegaben und als solche → Geschenke.

Für die Beurteilung ihrer Zulässigkeit muss unterschieden werden zwischen einerseits → Produktbezogener (Absatz-)Werbung und andererseits → Imagewerbung:

Als produktbezogene Absatzwerbung sind Fachbücher gemäß § 21 Abs.1 → AKG-Verhaltenskodex (→ ANHANG 1), § 7 → Heilmittelwerbegesetz (HWG) (→ ANHANG 8) nur gestattet, soweit es sich bei ihnen um geringwertige Kleinigkeiten handelt.
Die Geringwertigkeitsgrenze wird nach wie vor üblicherweise zwischen € 0,50 und € 5 angesiedelt. In diesem Bereich liegen Fachbücher in der Regel nicht. Dem entsprechend hat die Spruchpraxis des FSA die kostenlosen Abgaben eines Handbuchs „Reisemedizin"(Wert: € 36,50), eines medizinischen Fachbuchs (Wert: € 39,95), eines Fachbuchs mit Demo-CD (Wert: € 29,00) und eines Fachbuchs als CD (Wert: „Lizenzgebühr" € 58,00) für unzulässig erklärt.

Als → Imagewerbung müssen sich Fachbücher (Geschenke zu besonderen Anlässen) im angemessenen Rahmen halten.
Dessen Obergrenze wird im Anschluss an die → Hinweise Bundesärztekammer zu § 33 MBO-Ä (→ ANHANG 5) allgemein (auch nach Spruchpraxis FSA) bei € 50 angesiedelt. Dieser Wert kann für die pharmazeutische Industrie als gesicherter Maßstab gelten.

Wollen pharmazeutische Unternehmen bei der kostenlosen Abgabe von Fachbüchern einen gewissen Spielraum haben, ist ihnen deshalb aus Sicherheitsgründen anzuraten, was ohnehin meist der Fall sein wird, Fachbücher nur im Rahmen der Imagewerbung abzugeben.

Fachkreise
→ § 2 (→ ANHANG 1)

Fachkreise im Sinne dieses Kodex sind Angehörige der Heilberufe oder des Heilgewerbes, Einrichtungen, die der Gesundheit von Menschen dienen, oder sonstige Personen, soweit sie mit verschreibungspflichtigen Arzneimitteln erlaubterweise Handel treiben oder sie in Ausübung ihres Berufes anwenden.

Beispiele für Heilberufe:
Ärzte, Zahnärzte, Apotheker, Hebammen, Krankenschwestern, medizinisch-technische Assistenten, Krankengymnasten, Masseure, Heilpraktiker, nichtärztliche Psychotherapeuten, medizinische Bademeister, Apothekerassistenten, pharmazeutisch-technische Assistenten, Krankenpfleger, Studenten der Ausbildungsstätten für Heilberufe (Hochschulinstitute, Universitätskliniken, Lehranstalten für pharmazeutisch-technische Assistenten, für Beschäftigungs- und Arbeitstherapeuten, für Krankengymnasten, für Logopäden).

Keine Heilberufe sind:
Sozialarbeiter, Desinfektoren, medizinisch-kaufmännische Arztsekretärinnen, Dokumentationsassistentinnen.

Beispiele für Einrichtungen, die der Gesundheit von Menschen dienen:
Krankenhäuser, Sanatorien, Gesundheitsämter, Veterinärämter, Chemische und Medizinaluntersuchungsanstalten, Zentrale Beschaffungsstellen für Arzneimittel, Ausbildungsstätten für die Heilberufe.
Nicht dazu gehören:
Kurhotels, Kurheime, Kurstätten.

Beispiele für sonstige Personen, die mit Heilmitteln erlaubterweise Handel treiben:
Drogisten, Reformhäuser, andere Einzelhändler im ihnen gegebenen Erlaubnisrahmen (§§ 47 ff AMG), pharmazeutische Unternehmer und Großhändler (§ 47 Abs.1 AMG).

Beispiele für sonstige Personen, die Heilmittel bei der Ausübung ihres Berufes anwenden:
Kosmetiker, Fußpfleger, Diätassistenten, Optiker.

Festvortrag

Unter einem Festvortrag versteht man üblicherweise einen besonderen Vortrag, der innerhalb einer größeren Veranstaltung (Kongress, Tagung, Symposium) gehalten wird.
Bei dem Redner handelt es sich regelmäßig um einen ausgewiesenen Kenner eines bestimmten Fachgebiets, der dieses nicht nur aus dem Blickwinkel jüngster Forschungsergebnisse beleuchtet, sondern den Blick auch in das Gesellschaftliche, das Gesellschaftspolitische, das Historische, das Medizinhistorische, das Natur- und/oder das Geisteswissenschaftliche weitet.

Sofern das gegebene Thema im Kern einem Indikationsgebiet des pharmazeutischen Unternehmens zugerechnet werden kann, das die gesamte Veranstaltung unterstützt, ist ein derartiger Vortrag kodexkonform und kein
→ Unterhaltungsprogramm.

Fortbildungsveranstaltungen (extern)
→ § 19 Abs.4 bis Abs.10 (→ ANHANG 1)

"Extern" ist eine von einem Pharmaunternehmen unterstützte Fortbildungsveranstaltung (Kongress, Symposium), die ein (von dem Unternehmen unabhängiger) Veranstalter organisiert.
Dieser Veranstalter kann beispielsweise ein Universitätsklinikum, ein privates Krankenhaus, eine Fachgesellschaft, eine Gruppe von Ärzten oder ein einzelner Arzt sein.

Die Finanzierung der Teilnahme ist zulässig, wenn
- die Wissensvermittlung für die Teilnehmer berufs- und fachgebietsbezogen ist,
- die Veranstaltung einen im Vordergrund stehenden wissenschaftlichen Charakter hat,
- ein Bezug zum Tätigkeitsgebiet des Unternehmens vorhanden ist,
- das Unternehmen ein sachliches Interesse an der Teilnahme des Unterstützten hat (etwa der Arbeit des Unternehmens eine Kompetenzverbesserung des Teilnehmers zugute kommt).

Beispiele: Kongresse über neuere Entwicklungen, Forschungen, Entdeckungen, Methoden in bestimmten, den Teilnehmer betreffenden Medizinbereichen (etwa Kardiologie, Onkologie, Chirurgie, Gynäkologie), in denen das Unternehmen selbst forscht oder Arzneimittel entwickelt, bereithält oder vertreibt.

Die Unterstützung der eingeladenen Angehörigen der Fachkreise darf nur die Übernahme angemessener Reise- und Übernachtungskosten (unter Einschluss eines Hotelfrühstücks) sowie der durch den Veranstalter erhobenen → Tagungsgebühren umfassen. Eine weitere Bewirtung ist nicht zulässig.

Für die Auswahl der Verkehrsmittel und der Unterkunft gilt:
Die Kosten müssen angemessen sein (→ Reise- und Übernachtungskosten bei Fortbildungsveranstaltungen, → Angemessenheit).

Die Einladung oder die Übernahme von Kosten darf sich nicht auf → Begleitpersonen erstrecken.

Gegenüber den Veranstaltern ist die finanzielle Unterstützung externer Fortbildungsveranstaltungen ebenfalls in einem angemessenen Umfang zulässig. Sie kann durch Hingabe von Geld oder Sachmitteln, auch im Wege des → Sponsoring oder – wenn die steuerlichen Voraussetzungen vorliegen – einer → Spende erfolgen.

Die Unterstützung muss dem wissenschaftlichen Programm zugute kommen. Sie darf nicht für → Unterhaltungsprogramme (z.B. Theateraufführungen, Konzerte, Sportveranstaltungen) verwendet werden.
Auch das Unternehmen selbst darf → Unterhaltungsprogramme weder organisieren noch finanzieren.

Organisiert der Veranstalter ein kongressübliches Rahmenprogramm (z.B. einen Gesellschaftsabend) müssen die Teilnehmer die dabei entstehenden Kosten in vollem Umfang selbst tragen (angemessenes Entgelt).

Das unterstützende Unternehmen muss darauf hinwirken, dass der Veranstalter bei der Ankündigung und bei der Durchführung der Veranstaltung die Unterstützung unter Namensnennung offen legt.

Die Unterstützung der externen berufsbezogenen wissenschaftlichen Fortbildungsveranstaltung ist sorgfältig zu dokumentieren.
Dazu näheres: → Dokumentation.

Weitere Empfehlung:
Die Unternehmen sollten mit den Veranstaltern eindeutige schriftliche Vereinbarungen treffen, die die Finanzierung von Unterhaltungsprogrammen und die Kostenübername für Begleitpersonen ausschließen.

Ergänzend: → Industrieausstellung.

Fortbildungsveranstaltungen (intern)
→ § 19 Abs.1 bis Abs.3, Abs.7 bis Abs.10 (→ ANHANG 1)

„Intern" ist eine Fortbildungsveranstaltung, die ein Pharmaunternehmen selbst oder durch einen Beauftragten organisiert und durchführt.

Sie ist zulässig, wenn
- sie sich überwiegend mit den Forschungsgebieten und/oder Arzneimitteln des Unternehmens befasst,
- für den einzelnen Teilnehmer eine berufsbezogene Fort- oder Weiterbildung darstellt, also mit der von ihm ausgeübten beruflichen Tätigkeit in sachlichem Zusammenhang steht.

Zusätzliche Produktinformationen sind erlaubt.

Beispiele:
Unternehmen stellen eingeführte oder neue Produkte vor, die zum Spektrum der von den teilnehmenden Ärzten zu verabreichenden Arzneien gehören, beschreiben ihre Anwendungsbereiche, ihre Wirkungen, mögliche Wechselwirkungen, mögliche Nebenwirkungen, unterrichten über sinnvolle Applikationsformen, kündigen neue Produkte an, berichten über neuere Forschungen.

Möglich ist auch über die pharmakologischen, diagnostischen und therapeutischen Bereiche hinaus die Befassung mit präventiven und begleitenden nichtmedikamentösen Maßnahmen
- zu sportlichen Aktivitäten bei der Erkrankung des Herz-Kreislaufsystems,
- zu Fragen einer begleitenden Patientenkommunikation / -schulung.

Unzulässig sind Fortbildungsgegenstände außerhalb des Forschungsgebiets des Unternehmens:
- EBM2000plus, Regressprophylaxe, es sei denn, sie haben einen Bezug zu bestimmten Arzneimitteln,
- Rhetorik, Praxisorganisation, Steuerfragen.

Für die Eingeladenen dürfen angemessene Reise- und Übernachtungskosten (unter Einschluss eines Hotelfrühstücks) übernommen werden, sofern der berufsbezogene wissenschaftliche Charakter der Veranstaltung im Vordergrund steht (→ Reise- und Übernachtungskosten bei Fortbildungsveranstaltungen, → Angemessenheit).

Auch eine angemessene → Bewirtung der Teilnehmer ist zulässig.
Zu den Kriterien der Angemessenheit: → Bewirtung.

Fehlt es der Fortbildungsveranstaltung am wissenschaftlichen Charakter, handelt es sich also um eine reine Werbeveranstaltung, darf die Teilnahme zwar unentgeltlich angeboten werden, ist die Übernahme von Reise-, Übernachtungs- und Bewirtungskosten aber ausgeschlossen.

Die Finanzierung und Organisation von → Unterhaltungsprogrammen (z.B. Theateraufführungen, Konzerte, Sportveranstaltungen) sind verboten.

Die Einladung oder die Übernahme von Kosten darf sich nicht auf → Begleitpersonen erstrecken.

Die Auswahl des → Tagungsortes und der → Tagungsstätte für die interne Fortbildungsveranstaltung hat – wie die Einladung der Angehörigen der Fachkreise hierzu – ausschließlich sachlichen Gesichtspunkten zu folgen. Hierzu näheres: → Tagungsort, → Tagungsstätte.

Die Organisation der internen berufsbezogenen wissenschaftlichen Fortbildungsveranstaltung ist sorgfältig zu dokumentieren.
Dazu näheres: → Dokumentation.

FSA-Kodex

Der Verein Freiwillige Selbstkontrolle für die Arzneimittelindustrie e.V. (FSA) mit Sitz in Berlin wurde 2004 von Mitgliedern des vor allem große internationale Unternehmen repräsentierenden Verbandes Forschender Arzneimittelhersteller (VFA) gegründet.
Er hat sich zur Aufgabe gesetzt, die korrekte Zusammenarbeit der pharmazeutischen Unternehmen mit den Angehörigen der → Fachkreise zu überwachen und gegebenenfalls Regelverstöße zu sanktionieren.

Zu diesem Zweck hat er in seinem Gründungsjahr 2004 den Kodex der Mitglieder des Vereins Freiwillige Selbstkontrolle für die Arzneimittelindustrie e.V. („FS Arzneimittelindustrie-Kodex") beschlossen, den er in der Folgezeit mehrfach novelliert und ergänzt hat.

Der Kodex normiert Verhaltensregeln, die eine unlautere Beeinflussung der ärztlichen Therapie- und Verordnungsfreiheit ausschließen sollen. Dabei stützt er sich auf die geltenden Gesetze und die Grundsätze des Berufsrechts der Angehörigen der Fachkreise. Sie werden gemäß dem → Gemeinsamen Standpunkt der Verbände (→ ANHANG 3) und den → Verhaltensempfehlungen BAH, BPI, VFA (→ ANHANG 4) für die praktisch wichtigsten Formen der Zusammenarbeit der pharmazeutischen Industrie mit den Fachkreisen konkretisiert.

Mit der bisher letzten Änderung im Jahre 2008 wurden die Vorgaben des geänderten → EFPIA-Kodex, einer weiteren wesentlichen Grundlage des FSA-Kodex, auf deutscher Ebene umgesetzt.

Homepage des FSA: www.fs-arzneimittelindustrie.de.

Gebührenordnung für Ärzte (GOÄ)

Die GOÄ ist das Regelwerk, das die → Vergütungen für die beruflichen Leistungen der Ärzte festlegt.

Sie enthält einen Nummernkatalog, der die einzelnen ärztlichen Leistungen beschreibt und ihnen „einfache" Gebührensätze zuordnet.

Für die Höhe der → Vergütung ärztlicher Leistungen im Rahmen der Zusammenarbeit mit pharmazeutischen Unternehmen sind vor allem die Nummern 80 und 85 GOÄ hilfreiche Orientierungsmaßstäbe. Sie enthalten die (einfachen) Gebührensätze für schriftliche gutachtliche Äußerungen.
Diese betragen zurzeit € 17,49 (Nr. 80) und € 29,14 (Nr. 85) für jede einzelne einschlägige Tätigkeit.

Nr. 80 GOÄ („Schriftliche gutachtliche Äußerung") regelt die ohne besonderen Aufwand mittels eines Musterformulars oder frei formuliert erteilte Auskunft über einen begrenzten medizinischen Sachverhalt. Eine solche Gutachtenleistung ist beispielsweise anzunehmen, wenn der Arzt Angaben macht, mit denen er über die bloße Dokumentation vorhandener Befunde hinausgeht und sich auch bewertend oder prognostisch äußert.

Nr. 85 GOÄ („Schriftliche gutachtliche Äußerung mit einem das gewöhnliche Maß übersteigenden Aufwand – gegebenenfalls mit wissenschaftlicher Begründung") ist anwendbar, wenn der Arzt mittels eines Musterformulars oder frei formuliert eine medizinische Stellungnahme abgibt, die einen zusätzlichen besonderen Aufwand erfordert, beispielsweise eine eingehende Begründung, ein Abwägen verschiedener Möglichkeiten, eine Auseinandersetzung mit Literatur oder ein Einbringen besonderer Erfahrung.
Allein ein größerer Zeitaufwand kann nicht zur Bejahung der Nr. 85 führen, da diese Leistung „je angefangene Stunde Arbeitszeit" berechnet wird und folglich der Zeitaufwand schon im Rahmen von Nr. 80 GOÄ über den Mehrfachansatz dieser Leistung Berücksichtigung findet.

Der Ansatz der Gebührenordnungspositionen Nr. 80 und 85 GOÄ ist mit einem Steigerungsfaktor im Rahmen des § 5 GOÄ (bis 3,5-facher Vergütungssatz) möglich. Das bedarf zusätzlicher Begründung, wobei die Schwierigkeit und der Zeitaufwand der einzelnen Leistung sowie die Umstände bei der Ausführung nach billigem Ermessen zu berücksichtigen sind.

Daneben können Schreibauslagen entsprechend Nr. 95 GOÄ (je angefangene DIN A 4 – Seite: € 3,50) und Nr. 96 GOÄ (je Kopie: € 0,18) sowie tatsächlich entstandene Versand- und Portokosten gemäß § 10 Abs. 1 Ziff. 2 GOÄ erstattet werden.

Inwieweit die Orientierung an den vorstehenden Regelungen der GOÄ für die Zusammenarbeit der Pharmaindustrie mit Ärzten sinnvoll ist, dazu ergänzend: → Vergütung, → Zusammenarbeit mit Ärzten (vertraglich), → Anwendungsbeobachtungen (AWB), → Preisausschreiben, → Angemessenheit.

Geburtstagsfeiern

Finanzielle Unterstützungen für Geburtstagsfeiern von Ärzten oder anderen Angehörigen der Fachkreise werden gelegentlich „Sozialspenden" genannt. Sie sind aber keine → Spenden, sondern unzulässige → Geschenke.

Insbesondere ist auch eine → Bewirtung anlässlich des Geburtstags eines Arztes verboten.

Ausnahmsweise kann ein runder Geburtstag aber ein besonderer Anlass sein, der ein → Geschenk bis zu einem Wert von € 50 im Rahmen einer → Imagewerbung erlaubt.

Gegenleistung
→ § 17 Abs. 1 (→ ANHANG 1)

Gegenleistung ist ein Rechtsbegriff. Er bezeichnet in einem beide Seiten verpflichtenden Vertrag die Leistung der jeweils anderen Seite (meist als → Entgelt = → Vergütung).

Bedeutung hat der Begriff für die → Zusammenarbeit mit Ärzten:
Leistungen von Ärzten für Unternehmen dürfen nur auf der Grundlage schriftlicher Verträge erbracht werden, aus denen sich die Leistungen der einen Seite und die Gegenleistungen der anderen Seite eindeutig ergeben.

Gemeinsamer Standpunkt der Verbände
→ ANHANG 3

Die maßgeblichen Verbände der Krankenhäuser und der Ärzte sowie der pharmazeutischen und der medizintechnologischen Industrie haben im Herbst 2000 eine Ausarbeitung unter dem Titel „Gemeinsamer Standpunkt zur strafrechtlichen Bewertung der Zusammenarbeit zwischen Industrie, medizinischen Einrichtungen und deren Mitarbeitern" veröffentlicht.

Dieser „Standpunkt" gibt den Unternehmen und den medizinischen Einrichtungen verlässliche Hinweise, unter welchen Voraussetzungen eine Zusammenarbeit die Erfüllung von Straftatbeständen vermeidet.

Dafür beschreibt er die strafrechtlichen Rahmenbedingungen der
→ Vorteilsannahme (§ 331 StGB),
→ Vorteilsgewährung (§ 333 StGB),
→ Bestechlichkeit (§ 332 StGB),
→ Bestechung (§ 334 StGB) und
→ Bestechlichkeit und Bestechung im geschäftlichen Verkehr (§ 299 StGB)
und stellt konkrete Bezüge zwischen diesen Straftatbeständen und den verschiedenen Formen der Zusammenarbeit mit Ärzten her.

Außerdem erläutert er als Orientierungspunkte die Grundsätze des
→ Trennungsprinzips,
→ Transparenz-/Genehmigungsprinzips,
→ Äquivalenzprinzips und
→ Dokumentationsprinzips.

Schließlich empfiehlt er für einzelne Kooperationsformen zur Sicherstellung des lauteren Wettbewerbs die Einhaltung bestimmter Kriterien und Verfahren.

Die Vorgaben sind verständlich und praxisnah. Alle Beteiligten sollten sich im eigenen Interesse an ihnen orientieren.

Genehmigungs-/Transparenzprinzip
→ Transparenz-/Genehmigungsprinzip

Geschenke
→§ 21 Abs.1, 2 (→ ANHANG 1)

Geschenk nennt man die unentgeltliche Zuwendung eines Vermögenswerts.

Unentgeltlich bedeutet, dass der Empfänger keine → Gegenleistung erbringt. Das Geschenk ist eine einseitige Leistung.
Von einer → Spende unterscheidet sich das Geschenk dadurch, dass der Schenker nicht uneigennützig zu handeln braucht, der Empfänger nicht als gemeinnützig oder mildtätig anerkannt sein muss.

Geschenke pharmazeutischer Unternehmen an Angehörige der → Fachkreise sind nur in sehr beschränktem Ausmaß zulässig (→ Werbegaben).

§ 21 unterscheidet zwischen Werbegaben (Geschenken) im Rahmen → Produktbezogener (Absatz-)Werbung und Werbegaben (Geschenken) im Rahmen der → Imagewerbung.

Für Geschenke im Rahmen → Produktbezogener (Absatz-)Werbung verweist § 21 Abs.1 auf § 7 → Heilmittelwerbegesetz (HWG) (→ ANHANG 8):
Sie sind grundsätzlich unzulässig – gestattet sind sie aber, soweit sie unter die in § 7 HWG genannten Ausnahmen fallen. Hierzu näheres → Werbegaben.

Nicht produktbezogene allgemeine Vertrauenswerbung (→ Imagewerbung) ist, soweit sie nicht korruptionsrechtliche Straftatbestände erfüllt, nach dem Gesetz ohne weitere Beschränkung zulässig: Das → Heilmittelwerbegesetz (HWG) gilt hierfür nicht.

Aber § 21 Abs.2 schränkt ein (→ Imagewerbung):
Nichtproduktbezogene Geschenke sind nur zu besonderen Anlässen zulässig. Besondere Anlässe sind auf die Person / die Praxis des Empfängers bezogene einmalige Ereignisse. Beispiele: runder Geburtstag, persönliches Jubiläum, Beförderung, besondere Ehrung, Pensionierung, Emeritierung, Praxiseröffnung, Praxisjubiläum, Praxisveränderung.
Allgemeine Feiertage (z.B. Weihnachten, Ostern, Valentinstag) sind keine besonderen Anlässe in diesem Sinn (so auch Spruchpraxis FSA).
Alle nichtproduktbezogenen Geschenke – auch geringwertige – sind ohne einen besonderen Anlass unzulässig.

Besteht ein besonderer Anlass, muss sich das Geschenk in einem angemessenen Rahmen (→ Angemessenheit) halten. € 50 Obergrenze ist ein gesicherter Maßstab. Davon zu unterscheiden ist die steuerliche Obergrenze von € 35 pro Jahr, die auch beachtet werden sollte.

Die Bestimmung des Geschenks zur Verwendung in der Praxis ist nach dem → AKG-Verhaltenskodex im Rahmen der → Imagewerbung keine Zulässigkeitsvoraussetzung. Deshalb dürfen aus besonderem Anlass beispielsweise auch einmal ein Blumenstrauß, ein belletristisches Buch oder eine Flasche Wein überreicht werden.

Der FSA-Kodex zieht hier engere Grenzen:
Er erklärt ein Geschenk auch im Rahmen der → Imagewerbung nur für zulässig, wenn es zur Verwendung in der Praxis bestimmt ist. Blumen, Belletristik oder Wein sind hiernach also ausnahmslos unzulässige Geschenke.

Gesetz gegen den unlauteren Wettbewerb (UWG)

§ 1 UWG bestimmt:
Das Gesetz gegen den unlauteren Wettbewerb (UWG) dient dem Schutz der Mitbewerber, der Verbraucherinnen und Verbraucher sowie der sonstigen Marktteilnehmer vor unlauterem Wettbewerb; außerdem schützt es das Interesse der Allgemeinheit an einem unverfälschten Wettbewerb.

Das UWG ist im Juli 2004 nach einer umfassenden Überarbeitung des früheren Rechts neu in Kraft gesetzt worden.
Als Teil des Rechtsgebiets „gewerblicher Rechtsschutz" begründet es Unterlassungs-, Schadensersatz-, Beseitigungs-, Gewinnabschöpfungs- und Auskunftsansprüche im Rahmen des geschäftlichen Verkehrs.

§ 2 UWG definiert als Wettbewerbshandlung jede Handlung mit dem Ziel, zugunsten des eigenen oder eines fremden Unternehmens den Absatz oder den Bezug von Waren oder die Erbringung oder den Bezug von Dienstleistungen zu fördern.

§ 3 UWG erklärt unlautere Wettbewerbshandlungen für unzulässig, die geeignet sind, den Wettbewerb zum Nachteil der geschützten Personen erheblich zu beeinträchtigen.

§ 4 UWG nennt elf Regelbeispiele für unlauteren Wettbewerb, darunter die „Beeinträchtigung der Entscheidungsfreiheit durch unangemessene unsachliche Beeinflussung". Dies ist eine wichtige Parallele zum → AKG-Verhaltenskodex (→ ANHANG 1).
Denn die dort in § 6 und § 17 Abs. 2 untersagte Beeinflussung der Angehörigen der → Fachkreise in ihren Therapie- Verordnungs- und Beschaffungsentscheidungen ist aufgrund dieser Regelung nicht nur ein Kodexverstoß, sondern zusätzlich wettbewerbswidrig und dementsprechend auch gerichtlich verfolgbar.

Gesetzliche Regelungen (einschlägige)

→ Arzneimittelgesetz (AMG)
→ Heilmittelwerbegesetz (HWG) (→ ANHANG 8)
→ Gesetz gegen den unlauteren Wettbewerb (UWG)
→ Strafgesetzbuch (StGB) (Strafvorschriften → ANHANG 9)

Gewinnspiele
→ § 23 Abs.1 (→ ANHANG 1)

Gewinnspiele (Preisausschreiben, Verlosungen und andere Verfahren), deren Ergebnis (Gewinn) allein vom Zufall abhängig ist, sind als Mittel produktbezogener Werbung unzulässig
- außerhalb der Fachkreise nach § 11 Nr.13 HWG,
- gegenüber Angehörigen der Fachkreise nach § 23 Abs.1.

→ Preisausschreiben für Angehörige der → Fachkreise, bei denen das Ergebnis (der Gewinn) nicht allein vom Zufall abhängt, sondern auch von einer wissenschaftlichen oder fachlichen Leistung des Teilnehmers, können zulässig sein (§ 23 Abs.2).

Beispiele:
- Die Ankündigung der monatlichen Verlosung einer Packung „Roter Imperial Ginseng" auf der Internetseite des Vertreibers dieses Produkts verstößt gegen § 11 Nr.13 HWG.
- Die Darstellung eines Produkts in der Freiwahl oder Sichtwahl einer Apotheke innerhalb eines „Platzierungs-Gewinnspiels" ist keine wissenschaftliche oder fachliche Teilnehmerleistung i.S.v. § 23 Abs.2, die damit zusammenhängende Verlosung wertvoller Preise deshalb nach § 23 Abs.1 unzulässig – außerdem ist sie ein Verstoß gegen § 7 HWG.

- Ein neben der Werbung für ein Mittel gegen Lippenherpes abgedrucktes Gewinnspiel in einer Zeitschrift für Apothekenpersonal, bei dem man für die relativ leichte und schnelle Beantwortung dreier Fragen ein Designersofa im Wert von deutlich über € 1000 gewinnen kann, ist unzulässig nach § 23 Abs.1 und ein Verstoß gegen § 7 HWG.

Golfturniere

Golfturniere darf ein pharmazeutisches Unternehmen für Angehörige der → Fachkreise weder finanzieren noch durchführen.
Dazu grundsätzlich: → Unterhaltungsprogramme.

Good Clinical Practice (GCP)

Aus den USA stammender Begriff (deutsch: „Gute klinische Praxis"), der international anerkannte, nach ethischen und wissenschaftlichen Gesichtspunkten aufgestellte Regeln für die Durchführung klinischer Studien (→ Klinische Arzneimittelprüfung (AMP)) bezeichnet.

Der Schutz der Studienteilnehmer und deren informierte Einwilligung sowie die Qualität der Studienergebnisse stehen im Mittelpunkt.
GCP ist Teil der GxP genannten Richtlinien für „gute Arbeitspraxis" insbesondere auch in der Entwicklung und Herstellung von Arzneimitteln.

Die Richtlinie 2001/20/EG der Europäischen Kommission wurde 2004 in Deutschland durch das 12. Änderungsgesetz zum AMG sowie durch die „Verordnung über die Anwendung der Guten Klinischen Praxis bei der Durchführung von klinischen Prüfungen mit Arzneimitteln zur Anwendung am Menschen (GCP-Verordnung – GCP-V)" in bindendes nationales Recht umgesetzt. Damit ist GCP weit mehr als nur eine empfehlende Leitlinie.

Inhalt der GCP-Regeln :
- Die Rollen der verschiedenen Beteiligten bei einer klinischen Studie werden festgelegt:
    - Ein Sponsor (meist Pharmaunternehmen) finanziert die Studie, stellt das Prüfarzneimittel zur Verfügung, beauftragt die Prüfärzte und sorgt für einen Versicherungsschutz (Probandenversicherung). Der Sponsor hat die Hauptverantwortung für die Qualität der Studiendaten.
    - Der Prüfarzt und das Prüfzentrum (oft Klinik) müssen bestimmte Qualifikationsanforderungen erfüllen.
    - Ein Auftragsforschungsinstitut (CRO) kann manche Aufgabe des Sponsors bei der Durchführung übernehmen.
    - Die Ethik-Kommission überwacht die Qualifikation der Prüfer und den Prüfplan und bewertet die Prüfung.
- Zentrale Dokumente für die Durchführung klinischer Studien wie Prüfplan, Prüferinformation und Standard Operating Procedures werden definiert.
- Zum Schutz der Studienteilnehmer wird festgelegt, wie die Einwilligung zu erfolgen hat und wie im Falle unerwarteter Nebenwirkungen, insbesondere bei schwerwiegenden unerwünschten Ereignissen, zu verfahren ist.
- Im Einzelnen wird dargelegt, welche Qualitätsmanagementprozesse einzuführen sind.
- Gefordert wird, dass alle Prüfpräparate grundsätzlich nach Good Manufacturing Practice (GMP: „Gute Herstellungspraxis") hergestellt sein müssen.

Grundsatz der Nichtintervention
→ Nichtintervention

Heilmittelwerbegesetz (HWG)
→ ANHANG 8

Das Gesetz über die Werbung auf dem Gebiete des Heilwesens bestimmt Einschränkungen der Werbung vor allem für Arzneimittel und Medizinprodukte.

Diese Einschränkungen sollen die Gesundheitsinteressen des Einzelnen und der Allgemeinheit schützen.

Das HWG gilt ausschließlich für → Produktbezogene (Absatz-)Werbung.
Die allgemeine Vertrauenswerbung (→ Imagewerbung) wird von seinen Regelungen nicht erfasst. Auch → Preisausschreiben mit wissenschaftlicher / fachlicher Teilnehmerleistung sind von diesem Gesetz nicht betroffen.

Eine wichtige generelle Begrenzung der produktbezogenen Werbung auf die Fachkreise enthält § 10 HWG:
Für verschreibungspflichtige Arzneimittel darf nur geworben werden bei Ärzten, Zahnärzten, Tierärzten, Apothekern und Personen, die mit diesen Arzneimitteln erlaubterweise Handel treiben (Abs.1).
Für Arzneimittel, die dazu bestimmt sind, bei Menschen die Schlaflosigkeit oder psychische Störungen zu beseitigen oder die Stimmungslage zu beeinflussen, darf außerhalb der Fachkreise nicht geworben werden (Abs.2).

Für die Zusammenarbeit der Pharmaindustrie mit den Angehörigen der → Fachkreise ist vor allem § 7 HWG bedeutsam, der Zuwendungen und sonstige Werbegaben im Rahmen → produktbezogener (Absatz-)Werbung grundsätzlich verbietet und nur für einige abschließend aufgeführte Ausnahmen zulässt.
Hierzu im Einzelnen: → Werbegaben.

§ 21 Abs.1 übernimmt diese Regelung in den → AKG-Verhaltenskodex (→ ANHANG 1), indem er ausdrücklich bestimmt, dass bei Werbegaben im Rahmen einer produktbezogenen Werbung die Grenzen von § 7 HWG zu beachten sind.

Sinn der Regelung ist es, im Arzneimittelbereich die produktbezogene Werbung mit geldwerten Vorteilen weitgehend einzudämmen, um auf diese Weise der Gefahr unsachlicher Beeinflussung von Verordnungs-, Therapie- oder Beschaffungsentscheidungen zu begegnen, die z.B. durch → Geschenke begründet werden kann.

Hinweise Bundesärztekammer zu § 33 MBO-Ä

Die Berufsordnungsgremien der Bundesärztekammer haben am 12.08.2003 zu §§ 30 ff der (Muster-)Berufsordnung für Ärzte und namentlich zu § 33 MBO-Ä besondere Hinweise und Erläuterungen unter dem Titel „Wahrung der ärztlichen Unabhängigkeit bei der Zusammenarbeit mit Dritten" als Auslegungsgrundsätze beschlossen und veröffentlicht.
Damit haben sie über allgemeinen Vorgaben der Berufsordnung hinaus konkrete Maßstäbe für die Zusammenarbeit der Ärzte mit Industrieunternehmen formuliert: → ANHANG 5.

Hotels

→ Reise- und Übernachtungskosten bei Fortbildungsveranstaltungen
→ Tagungsstätte

Imagewerbung
→ § 21 Abs.2 (→ ANHANG 1)

Imagewerbung nennt man die nicht produktbezogene allgemeine Vertrauenswerbung. Sie liegt vor, wenn mit der Werbemaßnahme ohne Hinweis auf ein bestimmtes Produkt nur die Sympathie für das Unternehmen als solches gefördert werden soll.

Beispiele für Imagewerbung (wenn nicht gleichzeitig auch ein Produkt vorgestellt wird):
- Einladung zum persönlichen Kennenlernen eines neu gegründeten Unternehmens mit „Häppchen" und „einem Glas Wein", Ausstellungsführung mit anschließendem „Round Table",
- Eröffnung eines Internetshops für Ärzte mit der Möglichkeit, Artikel zu deutlich vergünstigten Preisen zu erwerben,
- Unternehmensbesichtigung.

Das Gegenteil der Imagewerbung ist die → Produktbezogene (Absatz-) Werbung, mit der speziell der Verkauf eines bestimmten Produkts gefördert werden soll.

Die Abgrenzung kann im Einzelfall schwierig sein:
- Werbung, die kein bestimmtes Arzneimittel nennt, kann trotzdem (produktbezogene) Absatzwerbung sein, wenn sie dem Adressaten nach den Umständen (Gestaltung der Werbung / gedanklicher Zusammenhang / bekannter Name des Unternehmens / Beschreibung des Indikationsgebiets) die Schlussfolgerung auf ein bestimmtes Produkt nahe legt.
- Werbung eines Unternehmens für seine gesamte Produktpalette ist (nicht produktbezogene) Imagewerbung, es sei denn, das Unternehmen stellt nur ein einziges Produkt her.

Imagewerbung ist, soweit sie nicht korruptionsrechtliche Straftatbestände erfüllt, nach dem Gesetz ohne weitere Beschränkung zulässig: Das → Heilmittelwerbegesetz (HWG) gilt hierfür nicht.

Aber § 21 Abs.2 schränkt ein:
Nichtproduktbezogene Geschenke sind nur zu besonderen Anlässen zulässig.
Besondere Anlässe sind auf die Person / die Praxis des Empfängers bezogene einmalige Ereignisse.
Beispiele: runder Geburtstag, persönliches Jubiläum, Beförderung, besondere Ehrung, Pensionierung, Emeritierung, Praxiseröffnung, Praxisjubiläum, Praxisveränderung. Allgemeine Feiertage (z.B. Weihnachten, Ostern, Valentinstag) sind keine besonderen Anlässe in diesem Sinn (so auch Spruchpraxis FSA).

Alle nichtproduktbezogenen Geschenke – auch geringwertige – sind ohne einen besonderen Anlass unzulässig.
Besteht ein besonderer Anlass, muss sich das Geschenk in einem angemessenen Rahmen (→ Angemessenheit) halten. Geringwertigkeit ist hier – anders als im Rahmen → Produktbezogener (Absatz-)Werbung – nicht gefordert.

Die → Hinweise Bundesärztekammer zu § 33 MBO-Ä (→ ANHANG 5) setzen als Obergrenze der „Geringfügigkeit", bis zu der den Ärzten nach dieser Regelung die Annahme einer Werbegabe erlaubt sein soll, einen Wert von € 50 an.

Dieser kann für die pharmazeutische Industrie als gesicherter Maßstab gelten. Davon zu unterscheiden ist die steuerliche Obergrenze von € 35 pro Jahr, die auch beachtet werden sollte.

Bei Klinikärzten ist auf etwaige Besonderheiten interner Dienstanweisungen zu achten. Zur Risikovermeidung empfiehlt es sich, vor der Zuwendung die Genehmigung des Dienstherrn / Arbeitgebers einzuholen.

Die Bestimmung des Geschenks zur Verwendung in der Praxis ist nach dem → AKG-Verhaltenskodex im Rahmen der → Imagewerbung keine Zulässigkeitsvoraussetzung. Deshalb darf aus besonderem Anlass beispielsweise auch einmal ein Blumenstrauß, ein belletristisches Buch oder eine Flasche Wein überreicht werden.
Der FSA-Kodex zieht hier engere Grenzen:
Er erklärt ein Geschenk auch im Rahmen der → Imagewerbung nur für zulässig, wenn es zur Verwendung in der Praxis bestimmt ist. Blumen, Belletristik oder Wein sind hiernach also ausnahmslos unzulässige Geschenke.

Industrieausstellung

Pharmazeutische Unternehmen mieten anlässlich externer Fortbildungsveranstaltungen (Kongresse, Fachtagungen, Symposien), die häufig von medizinischen Fachgesellschaften organisiert und durchgeführt werden, regelmäßig Standflächen an. Mitarbeiter der Unternehmen führen dort fachliche Gespräche mit Angehörigen der → Fachkreise, erläutern ihre Produkte, geben Werbematerialien ab und führen gelegentlich → Preisausschreiben durch.

Wie auf jeder Konsumgüter- oder Industriemesse üblich, dürfen auch innerhalb einer solchen Industrieausstellung kleine Erfrischungen oder Snacks gereicht werden. Nach Art und Umfang sind diese den Gepflogenheiten eines Messeauftritts anzupassen. Kongressbesucher übermäßig aufwändig zu bewirten, ist nicht zulässig.

Das Engagement eines Sternekochs, die Bewirtung mit teuren Speisen, der Ausschank von Champagner oder ähnlich luxuriösen Getränken erwecken den Eindruck einer unlauteren Beeinflussung und sind deshalb nicht kodexkonform.

Ergänzend: → Abend der Industrie.

Internationale Veranstaltungen
→ § 19 Abs. 8 (→ ANHANG 1)

Internationale Fortbildungsveranstaltungen im Sinne des → AKG-Verhaltenskodexes (→ ANHANG 1) sind nur die Veranstaltungen, die außerhalb des Europäischen Wirtschaftsraums (EWR = EU und frühere EFTA-Staaten Norwegen, Liechtenstein, Island) und der Schweiz stattfinden.
Mit dieser Auffassung wird der wirtschaftlichen Vereinigung Europas und den sich daraus ergebenden europäischen Regelungen über den Binnenmarkt Rechnung getragen.

Der FSA hält demgegenüber an der Ansicht fest, dass „international" alle Veranstaltungen sind, die außerhalb Deutschlands stattfinden.

Pharmazeutische Unternehmen, die in Deutschland ihren Sitz haben, dürfen interne Fortbildungsveranstaltungen international durchführen, wenn die Mehrzahl der Teilnehmer nicht aus Deutschland kommt oder nur am vorgesehenen Veranstaltungsort die erforderlichen Ressourcen oder Fachkenntnisse zur Verfügung stehen. Dasselbe gilt für die Unterstützung externer internationaler Fortbildungsveranstaltungen.

Klinikarzt
→ § 24 (→ ANHANG 1)

Die Leistungen eines Klinikarztes im Rahmen dessen Dienstverhältnisses für ein pharmazeutisches Unternehmen unterliegen den allgemeinen Regeln (§ 17) der → Zusammenarbeit mit Ärzten (vertraglich).

Zusätzlich sind aber die Hinweise und Empfehlungen des → Gemeinsamen Standpunkts der Verbände (→ ANHANG 3) zu beachten.

Verträge über klinische Prüfungen / Leistungsbewertungen (→ Klinische Arzneimittelprüfung (AMP)), über sonstige Forschungs-, Dienst- und Beratungsleistungen (→ Zusammenarbeit mit Ärzten (vertraglich)) sowie über → Sponsoring, die unter Inanspruchnahme personeller und sächlicher Mittel der medizinischen Einrichtung durchgeführt werden sollen, empfiehlt der „Gemeinsame Standpunkt", vorrangig mit der Einrichtung oder ihrem Träger selbst abzuschließen.

Für → Anwendungsbeobachtungen gibt es keine Empfehlung eines solchen Vorrangs. Hier geht der „Gemeinsame Standpunkt" ohne Schwerpunktsetzung davon aus, dass die Verträge sowohl mit der medizinischen Einrichtung als auch mit deren Mitarbeitern zustande kommen können.

Wird der Vertrag mit der medizinischen Einrichtung abgeschlossen, wird dem Verdacht vorgebeugt, dass es lediglich um finanzielle Vorteile für einen Klinikbediensteten geht mit dem Ziel, dessen Verordnungs-, Therapie- oder Beschaffungsentscheidungen unlauter zu beeinflussen. Außerdem werden etwaige Konflikte mit dienst- oder drittmittelrechtlichen Vorschriften vermieden. Vertragspartner und Empfänger der Leistungen des Pharmaunternehmens ist in diesem Fall die medizinische Einrichtung. Sie erbringt ihre geschuldeten Leistungen durch den damit betrauten Klinikarzt, der insoweit Dienstaufgaben erfüllt. Die Grundsätze der Kooperation sind für Fälle dieser Art üblicherweise durch Dienstanweisungen geregelt.

Häufig schließen aber Klinikärzte im Rahmen ihrer Dienstverhältnisse Verträge mit pharmazeutischen Unternehmen nicht über Dienstaufgaben, sondern über

Nebentätigkeiten (etwa Berater- oder Referentenverträge). In diesen Fällen sind allein die Klinikärzte die Vertragspartner und Empfänger der Vergütungsleistungen.

Soll der Vertrag mit dem Arzt / Mitarbeiter geschlossen werden, hat das Unternehmen sich durch eine von dem Vertragspartner einzuholende schriftliche Bestätigung versichern zu lassen, dass dieser seinen (möglichen) Informationspflichten gegenüber dem Dienstherrn / Arbeitgeber umfassend nachgekommen ist und die (im Regelfall notwendigen) Genehmigungen vorliegen.
Die Information muss alle Tatsachen offen legen, die für die Beziehung zwischen dem Vertragspartner und dem Unternehmen von Bedeutung sind. Aus Dokumentationsgründen kann das Unternehmen die Vorlage einer Kopie der schriftlichen Genehmigung des Dienstherrn / Arbeitgebers von dem Vertragspartner verlangen.
Möglich und bei klinischen Prüfungen und Anwendungsbeobachtungen nicht selten ist auch, dass die medizinische Einrichtung und ihr unmittelbar tätig werdender Arzt gemeinsam Vertragspartner des Pharmaunternehmens sind. Das wird dann vereinbart, wenn der Arzt für bestimmte Leistungen (z.B. regulatorische Aufgaben innerhalb der Prüfung, Weitergeben von Arbeitsergebnissen, Einräumen gewerblicher Schutzrechte) auch persönlich verpflichtet werden soll.

Klinische Arzneimittelprüfung (AMP)

Eine klinische Arzneimittelprüfung ist eine vor einer Erstzulassung oder einer erweiterten Zulassung durch die zuständige Bundesoberbehörde (§ 77 AMG: i.d.R. das → Bundesinstitut für Arzneimittel und Medizinprodukte (BfArM)) stattfindende Prüfung von Arzneimitteln zu dem Zweck, über den einzelnen Anwendungsfall hinaus Erkenntnisse über deren therapeutischen Wert, insbesondere hinsichtlich ihrer Wirksamkeit und Unbedenklichkeit zu gewinnen.

§ 4 Abs.23 S.1 AMG:
Klinische Prüfung bei Menschen ist jede am Menschen durchgeführte Untersuchung, die dazu bestimmt ist, klinische oder pharmakologische Wirkungen

von Arzneimitteln zu erforschen oder nachzuweisen oder Nebenwirkungen festzustellen oder die Resorption, die Verteilung, den Stoffwechsel oder die Ausscheidung zu untersuchen, mit dem Ziel, sich von der Unbedenklichkeit oder Wirksamkeit der Arzneimittel zu überzeugen.

Bei Durchführung der klinischen Prüfung müssen sowohl die Teilnehmerschutzvorschriften der §§ 40 ff AMG als auch die Regeln der „Verordnung über die Anwendung der Guten Klinischen Praxis bei der Durchführung von klinischen Prüfungen mit Arzneimitteln zur Anwendung am Menschen" des Bundesministeriums für Gesundheit und soziale Sicherung (→ Good Clinical Practice (GCP)) beachtet werden.

Nach erfolgreichem Abschluss der vorklinischen Untersuchungen (In-vitro-Tests, Zellkultur, Versuchstiere) erfolgt die klinische Prüfung in 4 Phasen:
Phase I:
Erstmalige Anwendung am Menschen bei geringer Anzahl gesunder Versuchspersonen (< 100) – umfasst mehrere klinische Studien insbesondere zur Verträglichkeit und zur Pharmakokinetik.
Phase II:
Anwendung an Patienten (ca. 100 – 500) in ausgesuchten Kliniken – im Vordergrund steht der Nachweis der Wirksamkeit und einer Überlegenheit gegenüber der Standardtherapie.
Phase III:
Breit angelegte, bis zu 3 Jahren dauernde Studie in Kliniken und bei niedergelassenen Ärzten (> 1000 Patienten) zur Erfassung von unerwünschten Arzneimittelwirkungen (UAW) und Interaktionen sowie Besonderheiten bei Begleiterkrankungen. Nach erfolgreichem Abschluss dieser Phase kann das neue Präparat zur Zulassung eingereicht werden.
Phase IV:
Drugmonitoring: Dosisindividualisierung des Arzneimittels unter Kontrolle der Konzentration im Blut, Plasma, Liquor oder Sputum zur Einstellung des therapeutischen Bereichs und Risikominimierung von Über- und Unterdosierung sowie UAW.
Nach der Zulassung folgt eine weitere Beobachtung zur möglichst frühzeitigen Erfassung seltener UAW, die eventuell erst nach längerem Gebrauch manifest werden.

Kodex
→ AKG-Verhaltenskodex (→ ANHANG 1)

Kongresse
→ Fortbildungsveranstaltungen (extern)

Medizinprodukte

Großer Bereich von Produkten, die insbesondere zum Erkennen und Verhüten, zum Behandeln oder Lindern von Krankheiten oder Verletzungen, zum Untersuchen oder Ersetzen des anatomischen Aufbaus und zur Empfängnisverhütung eingesetzt werden.

Hierzu gehören:
Medizinisch-technische Geräte (z.B. Herzschrittmacher, Röntgengeräte), Implantate, Produkte zur Injektion, Infusion, Transfusion und Dialyse (z.B. Katheter, Spritzen), medizinische Instrumente, Dentalprodukte (z.B. Zahnfüllmaterialien), Verbandstoffe, Sehhilfen, Produkte zur Empfängnisregelung sowie In-vitro-Diagnostika.

Messe
→ Industrieausstellung

Nichtintervention
→ § 18 Abs.2 (→ ANHANG 1)

Der Grundsatz der Nichtintervention hat entscheidende praktische Bedeutung bei → Anwendungsbeobachtungen (AWB).

In deren Rahmen hat er nach Nr.5 der → Empfehlungen des BfArM (→ ANHANG 6) zum Inhalt, dass dem behandelnden Arzt keine studienspezifischen Vorgaben gemacht werden dürfen,
- ob überhaupt oder mit welchem Arzneimittel zu therapieren oder zu diagnostizieren ist,
- wie die Modalitäten der Behandlung sind (Dosis, Applikationsart),
- unter welchen Umständen die Therapie abgesetzt bzw. geändert wird.

Jede Einflussnahme mit dem Ziel, durch Neuverschreibungen die Zahl der einzubeziehenden Patienten zu erhöhen, verletzt den Grundsatz der Nichtintervention.

Auch andere Vorgaben für ärztliche Tätigkeiten, die über das schlichte Beobachten der Auswirkungen einer Arzneimittelanwendung oder einer Therapie hinausgehen (etwa zusätzliches Röntgen oder Blutabnahmen) sind unzulässig.

Bildhaft wird das Wesen der AWB deshalb üblicherweise als ein dem frei arbeitenden Arzt bei der routinemäßigen (alltäglichen) Anwendung eines Arzneimittels „Über-die-Schulter-Schauen" beschrieben.

In Nr.5 der → Empfehlungen des BfArM (→ ANHANG 6) heißt es zur Nichtintervention:
- Ein Arzneimittel darf nicht zu dem Zweck verschrieben werden, einen Patienten in eine AWB einzuschließen. Verordnung eines Arzneimittels und Einschluss des Patienten in eine AWB sind zwei Aspekte, die getrennt gesehen werden müssen. Diese Trennung ist z.B. dann realisiert, wenn der Patient erst für die Studie identifiziert wurde, nachdem die Entscheidung für die Therapie getroffen worden ist.

Nichtinterventionelle Prüfung

§ 4 Abs.23 S.3 → Arzneimittelgesetz (AMG) bestimmt:
Nichtinterventionelle Prüfung ist eine Untersuchung, in deren Rahmen Erkenntnisse aus der Behandlung von Personen mit Arzneimitteln gemäß den in der Zulassung festgelegten Angaben für seine Anwendung anhand epidemiologischer Methoden analysiert werden; dabei folgt die Behandlung einschließlich der Diagnose und Überwachung nicht einem vorab festgelegten Prüfplan, sondern ausschließlich der ärztlichen Praxis.

Zur praktischen Bedeutung bei → Anwendungsbeobachtungen (AWB):
→ Nichtintervention.

Preisausschreiben
→ § 23 Abs.2 (→ ANHANG 1)

Preisausschreiben sind ein Sonderfall der → Gewinnspiele. Für sie bestimmt § 23 Abs.2:
Preisausschreiben für Angehörige der → Fachkreise, bei denen das Ergebnis (der Gewinn) nicht allein vom Zufall abhängt, sind zulässig, wenn
- die Teilnahme von einer wissenschaftlichen oder fachlichen Leistung der angesprochenen Personen abhängt und
- der in Aussicht gestellte Preis in einem angemessenen Verhältnis zu der durch die Teilnehmer zu erbringenden wissenschaftlichen oder fachlichen Leistung steht.

Beispiel: Angehörige der Fachkreise müssen bestimmte Fachfragen beantworten, um einen ausgeschriebenen Preis zu erlangen.

Preisausschreiben dürfen niemals ausdrücklich oder stillschweigend von Umsatzgeschäften, von Beschaffungsentscheidungen und von bestimmten Verordnungen abhängig gemacht werden (→ Trennungsprinzip).

Die Teilnehmerleistung muss für das veranstaltende Unternehmen nachvollziehbar nützlich sein – sie darf nicht ersichtlich sinnlos sein.

An die Wissenschaftlichkeit oder die Fachlichkeit der Teilnehmerleistung brauchen keine hohen Anforderungen gestellt zu werden (Spruchpraxis FSA). Wissenschaftliche / fachliche Teilnehmerleistung ist z.B. zu bejahen bei
- der Mitteilung praktischer Erfahrungen eines Arztes, z.B. Auskünften zum Handling von E-learning Modulen oder Auskünften zur Behandlungsdauer bei der Verwendung eines Arzneimittels (insoweit anders FSA: Antworten zur „Praxisübung" reichen nicht aus),
- produktbezogener Marktanalyse (Spruchpraxis FSA).

Keine wissenschaftliche / fachliche Leistung liegt z.B. vor, wenn
- das Preisausschreiben auf ein- und demselben Werbe-Flyer bereits selbst die Antworten auf die gestellten Fragen abgedruckt enthält (Spruchpraxis FSA).

Ist eine wissenschaftliche / fachliche Teilnehmerleistung zu verneinen, ist das Preisausschreiben unzulässig.

Der ausgelobte Preis
- muss nicht in Geld bestehen (kein Fall „vertraglicher Zusammenarbeit" i.S.v. § 17 Abs.3)
- darf auch ein Gegenstand sein, der nicht zur Verwendung in der Praxis bestimmt ist (§ 7 HWB gilt nicht).

Das für die Zulässigkeit geforderte angemessene Verhältnis muss zwischen der wissenschaftlichen / fachlichen Leistung des Teilnehmers und dem ausgelobten Preis bestehen. Auf den Wert der Gewinnchance des Teilnehmers kommt es nicht an (so auch Spruchpraxis FSA).

Besteht zwischen dem ausgelobten Preis und der zu erbringenden Teilnehmerleistung ein krasses Missverhältnis, ist das Preisausschreiben unzulässig.

Welches Verhältnis des Preises zur wissenschaftlichen / fachlichen Leistung des Teilnehmers angemessen ist, ist – auch wenn dies praktisch wünschenswert wäre – nicht von vornherein allgemein verbindlich festlegbar. Es hängt stets von den Umständen des Einzelfalls ab.

Für die Berechnung des angemessenen Wertes eines Preises kann die „Orientierung" an – je nach dem Aufwand des Teilnehmers – Nummer 80 oder Nummer 85 der → Gebührenordnung für Ärzte (GOÄ) hilfreich sein.
Sie vereinfacht das Konzipieren eines Preisausschreibens, weil zahlenmäßige Anhaltspunkte zur Verfügung stehen, an die sich die Unternehmen anlehnen können. Zwingend vorgeschrieben ist dies allerdings nicht.

Die zuverlässige Beurteilung der Angemessenheit des Verhältnisses von Preis und Teilnehmerleistung setzt außerdem unbedingt voraus:
Der Zeitaufwand und die Schwierigkeit der Teilnehmerleistung, wie sie im konkreten Fall voraussichtlich durchschnittlich zu erwarten ist, müssen vorab realistisch ermittelt und nachvollziehbar schriftlich niedergelegt werden.

Der FSA ermittelt die Angemessenheit des Verhältnisses eines ausgelobten Preises zur wissenschaftlichen / fachlichen Teilnehmerleistung mit Hilfe einer von ihm selbst entwickelten Berechnungsformel:

„Ziff. 80 GOÄ = € 17,49 : 20 Min x tatsächliche Min x Faktor 5".

Der Teiler „20 Min" kennzeichnet hierbei den Zeitaufwand, den der FSA jeweils der einfachen Gebühr nach Nummer 80 zugrunde legt.

Für die Praxis der Unternehmen, die ein einfaches Berechnungsschema bevorzugen und auch gegenüber dem FSA auf der sicheren Seite sein wollen, ist zu empfehlen, die Formel für die Berechnung der Angemessenheit des Verhältnisses von Preis und Teilnehmerleistung heranzuziehen. Denn sie gibt ohne größeren Aufwand die Gewissheit, die Grenzen der → Angemessenheit einzuhalten und damit dem → Äquivalenzprinzip gerecht zu werden.

Weitere Spruchpraxis FSA:
Der Berechnung der Angemessenheit ist immer der Bruttowert (inkl. Umsatzsteuer) des Preises zugrunde zu legen.

Preise bis zu einem Marktwert von € 5 sind angemessen, wenn vom Teilnehmer mehrere fachliche Fragen zu beantworten sind.

Der Einzelgewinn darf die für die Teilnehmerleistung übliche Vergütung bis zum Fünffachen der in der GOÄ genannten Gebührensätze übersteigen.

Unabhängig davon ist ein Gewinn von € 30 stets angemessen.

€ 50 als Zuwendungsgrenze für → Werbegaben sind nicht auf Gewinne von Preisausschreiben übertragbar.

Die angemessene Gewinngrenze liegt zwischen € 5 und € 50.

Preise in Form von Sammelpunkten, die später in Sachpreise umgetauscht werden können, sind grundsätzlich zulässig.

Produktbezogene (Absatz-)Werbung
→ § 21 Abs.1 (→ ANHANG 1)

Eine Werbemaßnahme ist produktbezogen, wenn sie unmissverständlich auf ein bestimmtes Produkt hinweist, dessen Absatz auf diese Weise gefördert werden soll (Absatzwerbung).

Das Gegenteil der produktbezogenen (Absatz-)Werbung ist die allgemeine Vertrauenswerbung (→ Imagewerbung), mit der ohne einen besonderen Hinweis auf ein Produkt nur die Sympathie für das Unternehmen als solches gefördert werden soll.

Die Abgrenzung kann im Einzelfall schwierig sein:
- Werbung, die kein bestimmtes Arzneimittel nennt, kann trotzdem (produktbezogene) Absatzwerbung sein, wenn sie dem Adressaten nach den Umständen (Gestaltung der Werbung / gedanklicher Zusammenhang / bekannter Name des Unternehmens / Beschreibung des Indikationsgebiets) die Schlussfolgerung auf ein bestimmtes Produkt nahe legt.
- Werbung eines Unternehmens für seine gesamte Produktpalette ist (nicht produktbezogene) Imagewerbung, es sei denn, das Unternehmen stellt nur ein einziges Produkt her.

Für produktbezogene Werbung mit → Werbegaben gelten § 21 Abs.1 und § 7 → Heilmittelwerbegesetz (HWG) (→ ANHANG 8). Sie ist grundsätzlich verboten, für die in § 7 HWG genannten Ausnahmen aber gestattet:
Näheres → Werbegaben.

Qualifikation und Aufgaben der Mitarbeiter und beauftragten Dritten
→ § 25 (→ ANHANG 1)

§ 25 legt in Anlehnung an § 75 AMG fest:
Pharmazeutische Unternehmen sollen dafür Sorge tragen, dass ihre Pharmaberater und über Verträge eingeschaltete, für sie handelnde → Dritte (z. B. ein „Leasing-Aussendienst") angemessen ausgebildet und sachkundig sind, damit diese von ihnen aufgesuchte Angehörige der → Fachkreise, Krankenhäuser oder andere Einrichtungen des Gesundheitswesens zutreffend und hinreichend vollständig über die von ihnen präsentierten Arzneimittel informieren können.

Pharmaberater sollen außerdem mit den Verpflichtungen, die die Unternehmen nach dem Kodex treffen, sowie allen ihr Tun betreffenden Gesetzen vertraut sein. Die Unternehmen sind dafür verantwortlich, dass die Pharmaberater diese Anforderungen erfüllen.

Die übrigen Beschäftigten der Unternehmen sowie die über Verträge eingeschalteten, für sie handelnden dritten Personen, die mit der Vorbereitung oder Genehmigung von Werbematerialien oder Werbeaktivitäten beschäftigt sind, sollen ebenfalls mit den einschlägigen Regelungen (Gesetzen, Vorschriften) vertraut sein.

Ergänzend: → Aufgaben und Schulung der Mitarbeiter und beauftragten Dritten.

Reise- und Übernachtungskosten bei Fortbildungsveranstaltungen
→ § 19 Abs.2, 4 (→ ANHANG 1)

Die Unternehmen dürfen → Angehörige der Fachkreise zu berufsbezogenen Fortbildungsveranstaltungen einladen (→ Fortbildungsveranstaltungen (intern), → Fortbildungsveranstaltungen (extern)).

Hierbei können sie in angemessener Höhe etwaige Reise- und Übernachtungskosten (einschließlich des Hotelfrühstücks) übernehmen.

Bei der → Fortbildungsveranstaltung (intern) ist Voraussetzung dieser Zuwendung neben den allgemeinen Zulässigkeitsbedingungen der Veranstaltung, dass jeweils ihr wissenschaftlicher Charakter im Vordergrund steht.

Bei der → Fortbildungsveranstaltung (extern) ist Voraussetzung dieser Unterstützung, dass
- die Wissensvermittlung für die Teilnehmer berufs- und fachgebietsbezogen ist,
- ein Bezug zum Tätigkeitsgebiet des Unternehmens vorhanden ist,
- das Unternehmen ein sachliches Interesse an der Teilnahme des Unterstützten hat (etwa der Arbeit des Unternehmen eine Kompetenzverbesserung des Teilnehmers zugute kommt),
- der wissenschaftliche Charakter der Veranstaltung im Vordergrund steht.

„Angemessene Höhe" bedeutet in diesem Zusammenhang:
Die Verkehrsmittel und das Hotel müssen nach sachlich vertretbaren Kriterien mit Augenmaß ohne Über- oder Untertreibung ausgewählt werden (→ Angemessenheit).

Einzelne Beispiele:
- Angemessene Reisekosten:
  Economy-Flugtickets (innereuropäisch), Bahntickets Erster Klasse, Taxifahrten, Pkw-Fahrtkosten in Höhe der steuerlich abziehbaren Sätze.

- Übernachtungskosten:
  Sie dürfen nur dann übernommen werden, wenn dies wegen frühen Beginns oder späten Endes der Veranstaltung sachlich erforderlich ist. Als Hotels kommen vor allem Businesshotels in Betracht. Luxushotels, deren Bedeutung und Ansehen in erster Linie auf ihrer erlesenen Ausstattung und ihrem exklusiven Ambiente sowie einem dadurch geprägten besonderen Freizeitwert beruhen, scheiden regelmäßig aus. Ergänzend: → Tagungsstätte.
- „Verlängerungsnächte" (nicht durch die Veranstaltung bedingte längere Aufenthalte) dürfen nicht erstattet werden.

Die Möglichkeit pharmazeutischer Unternehmen, den Teilnehmern wissenschaftlicher Fortbildungsveranstaltungen in angemessener Höhe Reise- und Übernachtungskosten zu erstatten, wird auch in der (Muster-) Berufsordnung für die deutschen Ärztinnen und Ärzte (MBO-Ä) und in den Hinweisen und Erläuterungen „Wahrung der ärztlichen Unabhängigkeit bei der Zusammenarbeit mit Dritten" der Bundesärztekammer (→ Hinweise Bundesärztekammer zu § 33 MBO-Ä) (→ ANHANG 5) bejaht.
- Ausdrücklich heißt es in § 33 Abs.4 MBO-Ä:
  Die Annahme von geldwerten Vorteilen in angemessener Höhe für die Teilnahme an wissenschaftlichen Fortbildungsveranstaltungen ist nicht berufswidrig. Der Vorteil ist unangemessen, wenn er die Kosten der Teilnahme (notwendige Reisekosten, Tagungsgebühren) der Ärztin oder des Arztes an der Fortbildungsveranstaltung übersteigt oder der Zweck der Fortbildung nicht im Vordergrund steht. Satz 1 und 2 gelten für berufsbezogene Informationsveranstaltungen von Herstellern entsprechend.

Ungeachtet dessen verweigern einige (Landes-) → Ärztekammern die Zertifizierung von Fortbildungsveranstaltungen, soweit teilnehmenden Ärzten Reise- und/oder Übernachtungskosten durch pharmazeutische Unternehmen erstattet werden.

In die Berufsordnung der Ärztekammer Niedersachsen ist § 33 MBO-Ä ohne den vorstehenden Abs.4 übernommen worden. Daraus schließt diese Ärztekammer für ihren Bereich die Berufswidrigkeit der Annahme einer Erstattung von Tagungsgebühren, Hotel- und Anreisekosten in den Fällen passiver Teilnahme an Fortbildungsveranstaltungen und erklärt ein solches Verhalten der Ärzte für in Niedersachsen verboten.

Werden Reise- und/oder Übernachtungskosten erstattet, ist dies unter Angabe der Gründe sorgfältig zu dokumentieren (→ Dokumentationsprinzip).

Scheinverträge
→ § 17 Abs.2 (→ ANHANG 1)

Scheinverträge, die nur abgeschlossen werden, um Ärzten unter ihrem „Deckmantel" unlautere Vorteile zukommen zu lassen, sind unzulässig.
Insbesondere dürfen Austauschverträge nicht lediglich dazu dienen, der Sache nach einseitige Zuwendungen zu verdecken oder das Verbot der einseitigen Zuwendung zu umgehen.

Die Zusammenarbeit zwischen Industrie und Ärzten darf niemals versteckt zum Zwecke der Beeinflussung von Therapie-, Verordnungs- oder Beschaffungsentscheidungen oder zu bloßen Werbezwecken missbraucht werden.
Eine vereinbarte Leistung eines Arztes darf nur vergütet werden, wenn sie auch erbracht worden ist.

Verboten ist also beispielsweise, dass
- dem Arzt allein der Zeitaufwand für die Teilnahme an produktbezogenen Veranstaltungen (etwa einem eintägigen Qualitätszirkel, der sich ausschließlich mit der Anwendung eines bestimmten Medikaments befasst) ersetzt wird und dem keine Gegenleistung gegenübersteht,
- Ärzten Stellungnahmen oder Datenbögen vergütet werden, an den das zahlende Unternehmen bei objektiver Würdigung gar kein nachvollziehbares Interesse hat,
- Ärzte von pharmazeutischen Unternehmen dafür honoriert werden, dass sie unter eigenem Namen Aufsätze veröffentlichen, Gutachten abgeben oder Vorträge halten, die in Wahrheit nicht sie selbst, sondern Mitarbeiter der „vergütenden" Unternehmen verfasst haben.

Ärzte, die sich auf solche Praktiken einlassen, verstoßen auch gegen ihr Berufsrecht (→ Hinweise Bundesärztekammer zu § 33 MBO-Ä (→ ANHANG 5)).

§ 17 Abs.2 bestimmt deshalb, dass es sich bei jeder durch den Arzt zu erbringenden vertraglichen Leistung um eine wissenschaftliche oder fachliche Tätigkeit für das Unternehmen handeln muss.
Dazu näheres: → Zusammenarbeit mit Ärzten (vertraglich).

Sonstiger geldwerter Vorteil

Unter den Begriff „sonstiger geldwerter Vorteil" fallen alle Waren und Dienste mit finanziellem Wert, die im Wege einseitiger Leistung gewährt werden.

Beispiele:
Sachgeschenke, Fortbildungsveranstaltungen, Finanzierung von Reisen, Einrichten einer Telefon-Hotline für kostenlose Rechtsauskünfte.

Alternativ dazu nennt man → Entgelt (→ Vergütung) die in einem Vermögenswert bestehende → Gegenleistung.

Spenden

Spenden sind freiwillige, unentgeltliche und uneigennützige Zuwendungen von Finanzmitteln (Geldspenden) oder Sachmitteln (Sachspenden) durch Unternehmen oder Private (Spender) für religiöse, wissenschaftliche, gemeinnützige, kulturelle oder politische Zwecke.

Die Spende ist nicht an eine Gegenleistung des Empfängers geknüpft. Sie ist als einseitige Zuwendung ein → sonstiger geldwerter Vorteil.
→ Entgelt kann sie niemals sein.

Die Spende ist kein → Geschenk. Der Unterschied besteht darin, dass der Spender stets und ausschließlich uneigennützig handelt, der Schenker dies nicht notwendigerweise tut, und der Empfänger der Spende als gemeinnützig oder mildtätig anerkannt sein muss.

Die Unterstützung von Universitätskliniken, sonstigen gemeinnützigen medizinischen Einrichtungen oder anderen gemeinnützigen Organisationen (Fördervereinen, medizinischen Fachgesellschaften) durch Spenden ist ein gesellschaftspolitisch wichtiges Instrument zur Förderung medizinwissenschaftlicher Forschung und Lehre sowie zur materiellen Unterstützung der Einrichtungen des Gesundheitswesens.
Für das Pharmaunternehmen, das spendet, ist sie unter dem Gesichtspunkt strafrechtlich relevanter Vorteilsgewährung nicht unbedenklich.

Als Empfänger einer Spende kommen nur inländische juristische Personen des öffentlichen Rechts, öffentliche Dienststellen oder steuerbefreite Körperschaften / Personenvereinigungen in Betracht.
Hierzu zählt auch ein Krankenhaus, das gemeinnützigen oder mildtätigen Zwecken dient. Diese Voraussetzung erfüllt es, wenn es vom Anwendungsbereich der Bundespflegesatzverordnung erfasst wird und mindestens 40 % der jährlichen Pflegetage auf Patienten entfallen, denen nur Entgelte für allgemeine Krankenhausleistungen berechnet werden.

Natürliche Personen, etwa niedergelassene oder angestellte Ärzte, scheiden als Empfänger von Spenden aus.

Spenden dürfen auch nicht individuellen Interessen von Beschäftigten medizinischer Einrichtungen dienen.
Unzulässig ist es deshalb z.B.,
- einem gemeinnützigen Krankenhaus einen Geldbetrag unter der Auflage zuzuwenden, diesen für die Fort- und Weiterbildung eines bestimmten Arztes oder mehrer bestimmter Ärzte zu verwenden,
- oder gar eine „Spende" auf ein Privatkonto eines ärztlichen Funktionsträgers zu überweisen.

Grundsätzlich ist eine allgemeine Bestimmung des Verwendungszwecks einer Spende (Zweckspende) zulässig. Voraussetzung ist, dass der bestimmte Zweck selbst steuerlich begünstigt ist.

Erlaubt sind also:
- eine Geldspende an ein gemeinnütziges Krankenhaus mit der Auflage, sie zum Aufbau einer bestimmten Abteilung zu verwenden,
- eine Sachspende (Reisegutscheine) mit der Auflage, sie zur Fort- und Weiterbildung des medizinischen Personals, etwa für die Teilnahme an fremdorganisierten Veranstaltungen zu verwenden.

Wichtig ist sowohl aus strafrechtlichen wie aus steuerlichen Gründen, dass der Spender den Zweck nicht so eng formuliert, dass dieser zu einer bestimmten natürlichen Person als einem ins Auge gefassten Empfänger führt.
- So wäre die Zweckbestimmung schädlich, die Spende für die Fort- und Weiterbildung sei für „die Leitung der kardiologischen Abteilung" gedacht.

Der Spender darf niemals Personen benennen, denen eine Spende letztlich zugute kommen soll. Eine solche Benennung muss immer der empfangenden Institution überlassen bleiben.

Spenden müssen gemäß den von den Bundesländern und zahlreichen Universitäten erlassenen Drittmittelrichtlinien stets an die Verwaltungen der medizinischen Einrichtungen (Universitäten, Krankenhäuser) oder der Fördervereine gegeben werden. Allein diesen obliegen die Entscheidungen über die Entgegennahme und die Verwendung solcher Mittel. Die einwerbenden Ärzte sind regelmäßig durch interne Regelungen von der förmlichen Einflussnahme hierauf ausgeschlossen.

Spenden müssen (anders als das → Sponsoring) ausschließlich uneigennützig sein. Das allgemeine Gewinnerzielungsinteresse des spendenden Unternehmens darf keine Rolle spielen. Diese Tatsache muss aus allen äußeren Umständen der Spendengewährung klar hervorgehen.

Daher müssen Spenden unabhängig von Umsatzgeschäften sein und dürfen insbesondere schon gar nicht zu deren Voraussetzungen gemacht werden. Auch als verdeckte Rabatte sind Spenden unstatthaft.

Andere wirtschaftliche Vorteile nehmen einer Zuwendung ebenfalls die Eigenschaft als Spende:
- Verschafft ein Unternehmen einem Universitätslabor eine neue Einrichtung, weil es vom guten Ruf der Fakultät profitieren will, indem es sich zugleich werbewirksam als Ausrüster der Universität präsentiert, ist die Zuwendung nicht uneigennützig.
- Erbringt eine medizinische Einrichtung eine Gegenleistung, etwa durch Überlassen einer Standfläche bei einem von ihr ausgerichteten Kongress, wird eine ursprünglich als Spende gedachte Zuwendung zur Sponsoringleistung.

Medizinische Geräte, medizinische Fachbücher oder Abonnements medizinischer Fachzeitschriften können als Sachspenden zugewendet werden.

Spenden sind beschränkt steuerlich abziehbar. Dafür müssen deren wesentliche Merkmale, insbesondere die Uneigennützigkeit des Spenders, aus den äußeren Umständen klar ableitbar sein. Der Empfänger hat eine Spendenquittung nach § 50 EStDV auszustellen, die der Wahrheit entsprechen muss.

Finanzielle Unterstützungen für Dienstjubiläumsveranstaltungen, Betriebsausflüge, → Weihnachtsfeiern und → Geburtstagsfeiern, Tennisturniere von Krankenhausabteilungen o.ä. werden gelegentlich „Sozialspenden" genannt. Sie sind keine Spenden und dürfen aus Lauterkeitsgründen weder gefordert noch gewährt werden.

Spesen

Spesen nennt man die durch geschäftliche Betätigung entstandenen steuerlich relevanten Aufwendungen.

Ist im Rahmen einer → Zusammenarbeit mit Ärzten (vertraglich) zur Erfüllung der geschuldeten ärztlichen Leistung eine Reise, eine Hotelunterbringung oder ein sonstiger zusätzlicher Aufwand notwendig, kommt die Erstattung von Spesen und/oder sonstigen → Auslagen des Arztes durch das beauftragende

Unternehmen in Betracht. Diese darf einen angemessenen Umfang nicht übersteigen (→ Angemessenheit).
Näheres dazu: → Auslagen.

Sponsoring

Sponsoring ist die fördernde Zuwendung von Finanzmitteln, Sachmitteln und/oder Dienstleistungen durch Unternehmen oder Private (Sponsoren) an Einzelpersonen, Gruppen von Personen, Organisationen oder Institutionen gegen die Einräumung von Rechten zur kommunikativen Nutzung von Projekten, Personen, der Organisation, der Institution und/oder Aktivitäten des Gesponserten auf der Basis einer vertraglichen Vereinbarung (Sponsorship), mit der auch eigene unternehmensbezogene Ziele verfolgt werden.

Von Unternehmen wird Sponsoring regelmäßig als Werbemaßnahme und Teil der imagewirksamen Öffentlichkeitsarbeit, mithin als Marketinginstrument genutzt und ist oft auch Ausdruck einer bestimmten grundsätzlichen Unternehmenspolitik.

Als ein Vertragsverhältnis, das aufeinander bezogene Leistungen und Gegenleistungen zum Inhalt hat, ist Sponsoring zu unterscheiden von den einseitigen Zuwendungen wie → Spenden oder → Geschenke.
Diese Unterscheidung wird im allgemeinen Sprachgebrauch vielfach nicht getroffen. Der Begriff Sponsoring wird also nicht einheitlich verwandt.
Nicht selten wird unter Sponsoring auch verstanden, dass ein Unternehmen die Kunst- und Kulturlandschaft, den Sport, die Wissenschaft oder gesellschaftliche Einrichtungen selbstlos oder gemeinnützig durch einseitige Zuwendungen fördert. Tatsächlich handelt es sich hierbei aber regelmäßig um → Spenden.
Finanzielle Unterstützungen ärztlicher Teilnahmen an wissenschaftlichen Fortbildungsveranstaltungen, deren Annahme durch § 33 Abs.4 MBO-Ä gestattet ist, werden von der Bundesärztekammer „individuelles Fortbildungssponsoring" genannt, sind aber begrifflich einseitige Zuwendungen.
Eine saubere Unterscheidung ist nicht nur bedeutsam für die Beurteilung der Lauterkeit der jeweiligen Zuwendung, sondern auch aus steuerlichen Gründen.

Die den Unternehmen bei echtem Sponsoring gebotene Möglichkeit des Betriebsausgabenabzugs ist bei Spenden und Geschenken stark eingeschränkt, wobei die Finanzverwaltung die Begriffe im hier dargelegten Sinne auslegt.

Sponsoringverträge sollten sowohl aus Gründen der notwendigen Transparenz als auch wegen ihrer steuerrechtlichen Relevanz (für beide Seiten) stets schriftlich abgeschlossen werden. Sie müssen die Leistung des Sponsors und die Gegenleistung des Gesponserten eindeutig und umfassend beschreiben und, soweit es sich um Zusammenarbeit mit medizinischen Einrichtungen und Ärzten handelt, eine Beurteilung der Angemessenheit der Vergütung ermöglichen. Die Klarstellung der Einzelheiten des Leistungsaustauschs ist unverzichtbar, zusätzliche Ausführungen zu den Motiven des Sponsorings im Allgemeinen und Besonderen sind entbehrlich, allerdings auch nicht schädlich.

Steht bei der Zusammenarbeit mit medizinischen Einrichtungen und Ärzten die Leistung des Sponsors nicht in einem angemessenen Verhältnis zum Wert der eingeräumten Werbeaktivitäten (des angestrebten wirtschaftlichen Vorteils), geht sie vielmehr deutlich darüber hinaus, kann der Eindruck einer verdeckten unlauteren Zuwendungen aufkommen. Das kann sowohl strafrechtliche Ermittlungen auslösen als auch zur Folge haben, dass die Finanzverwaltung den Betriebsausgabenabzug versagt.

Den Unternehmen ist deshalb anzuraten, den Sponsoringvertrag so abzufassen, dass seine Sinnhaftigkeit für das Unternehmen ohne weiteres nachvollziehbar ist. Deshalb sollte er dokumentieren, um welche Art von Veranstaltung es geht, welcher wirtschaftliche Vorteil durch das Sponsoring angestrebt wird und durch welche Maßnahmen sowie aufgrund welcher Umstände der konkreten Veranstaltung eine Werbe- und Imagewirkung erwartet wird.

Breiten Raum für Sponsoring durch pharmazeutische Unternehmen bieten die von Veranstaltern wissenschaftlicher Tagungen, Kongresse oder Fachmessen gegen Vergütung eingeräumten Möglichkeiten imagefördernder Werbeaktivitäten.

In Betracht kommen beispielsweise:
- auf Veranstaltungseinladungen als Sponsor abgedruckt zu werden,

- bei Beginn der Veranstaltung werbewirksam begrüßt zu werden,
- im Laufe der Veranstaltung Dank zu erhalten für den Beitrag zum Gelingen,
- Logos an oder in der Tagungsstätte anbringen zu können,
- Plakate aufhängen zu können,
- einen Stand am Rande der Veranstaltung aufstellen zu können,
- Produkt- und Unternehmensbroschüren auslegen zu können,
- Videos vorführen zu können,
- das Vermieten eines Ausstellungsstands durch den Veranstalter.

Sponsoringverträge dieser Art sollte das Unternehmen stets mit dem Veranstalter abschließen. Ist Veranstalter der Tagung, des Kongresses oder der Fachmesse eine medizinische Einrichtung oder eine Organisation, etwa eine medizinische Fachgesellschaft, so kann sinnvoller Weise nur diese jeweilige Institution der gesponserte Vertragspartner des Unternehmens sein. Ärzte, die lediglich mit der Durchführung der Veranstaltung betraut sind, kommen allenfalls als Vertreter ihrer Institution beim Vertragsabschluß, nicht aber selbst als Vertragspartner und anspruchsberechtigte Empfänger der finanziellen Leistung des Sponsors infrage. Sind Veranstalter ein einzelner Arzt oder eine Gruppe von Ärzten, sind jeweils sie Vertragspartner des Unternehmens.

Sponsoring durch pharmazeutische Unternehmen findet auch statt im Bereich der Drittmittelfinanzierung von Forschung und Lehre. Die Einwerbung von Drittmitteln ist hochschulpolitisch gewollt und wird staatlicherseits ausdrücklich gefordert.
Zahlreiche Bundesländer und Universitäten haben, um der Gefahr unlauterer Beeinflussung von Beschaffungsentscheidungen durch Zuwendungen Dritter, namentlich der Industrie, zu begegnen, Drittmittelrichtlinien erlassen. Soweit diese das Sponsoring ausdrücklich erwähnen, behandeln sie es wie alle anderen Drittmittel (Geldzuwendungen, Sachleistungen, Gegenleistungen aus Verträgen, sonstige geldwerte Vorteile für Zwecke von Forschung und Lehre). Wesentliche Schutzmechanismen in den Richtlinien sind zum einen, dass die Annahme der Drittmittel nur durch die Universitätsleitung zu erklären ist, die zuvor die Umstände der Gewährung und die vorgesehene Verwendung genauestens überprüft, und zum anderen, dass das einwerbende Universitätsmitglied die Universitätsleitung dabei nicht vertreten kann.

Strafgesetzbuch (StGB)
→ ANHANG 9

Das Strafgesetzbuch droht für einzelne Tatbestände korruptiven Handelns im Wirtschaftsleben, die auch für den Bereich des Gesundheitswesens von Bedeutung sind, erhebliche Strafen an:

→ Vorteilsannahme (§ 331 StGB) (Freiheitsstrafe bis zu 3 Jahren oder Geldstrafe),
→ Vorteilsgewährung (§ 333 StGB) (Freiheitsstrafe bis zu 3 Jahren oder Geldstrafe),
→ Bestechlichkeit (§ 332 StGB), (Freiheitsstrafe von 6 Monaten bis zu 5 Jahren, minder schwerer Fall: Freiheitsstrafe bis zu 3 Jahren oder Geldstrafe),
→ Bestechung (§ 334 StGB) (Freiheitsstrafe von 3 Monaten bis zu 5 Jahren, minder schwerer Fall: Freiheitsstrafe bis zu 2 Jahren oder Geldstrafe),
→ Bestechlichkeit und Bestechung im geschäftlichen Verkehr (§ 299 StGB) (Freiheitsstrafe bis zu 3 Jahren oder Geldstrafe).

Tagungsgebühren
→ § 19 Abs.4 (→ ANHANG 1)

Tagungsgebühren für → Fortbildungsveranstaltungen (extern) dürfen durch pharmazeutische Untenehmen erstattet werden.

Voraussetzungen dafür sind, dass
- die Wissensvermittlung für die Teilnehmer berufs- und fachgebietsbezogen ist,
- die Veranstaltung einen im Vordergrund stehenden wissenschaftlichen Charakter hat,
- ein Bezug zum Tätigkeitsgebiet des Unternehmens vorhanden ist,
- das Unternehmen ein sachliches Interesse an der Teilnahme des Unterstützten hat (etwa seiner Arbeit eine Kompetenzverbesserung des Teilnehmers zugute kommt).

Tagungsort
→ § 19 Abs.3 (→ ANHANG 1)

Die Auswahl des Tagungsorts für eine interne Fortbildungsveranstaltung (→ Fortbildungsveranstaltung (intern)), hat ausschließlich nach sachlichen Gesichtspunkten zu erfolgen.

Solche Gesichtspunkte sind beispielsweise:
- Zentrale Lage / räumliche Nähe,
- vorteilhafte Verkehrsanbindung,
- Bedeutung als Wissenschaftsstandort,
- Bedeutung als medizinischer Standort,
- Bedeutung als pharmazeutischer Standort,
- Bedeutung als Tagungsort,
- Unterbringungsmöglichkeiten,
- technische Möglichkeiten,
- Bewirtungsmöglichkeiten,
- Preisniveau.

Bei Vorliegen dieser oder ähnlicher sachlicher Kriterien kann ein möglicherweise zusätzlich vorhandener hoher Freizeit- oder Erholungswert eines Tagungsorts in den Hintergrund treten.
Niemand wird auf den Gedanken kommen, Städte wie Berlin, Hamburg, München, Köln, Dresden, Leipzig, Freiburg, Tübingen, Heidelberg, Marburg, um nur einige zu nennen, als Tagungsorte zu verwerfen, nur weil sie auch hervorragende Unterhaltungs- und Freizeitangebote sowie attraktive Umgebungen aufzuweisen haben.
Deshalb zwingen solche auch vorhandenen Möglichkeiten nicht in jedem Fall und ohne weiteres zu dem Schluss, dass die Fortbildungszwecke einer an einem solchen oder vergleichbaren Ort stattfindenden Veranstaltung nur nachrangig wären.

Es gilt bei der Auswahl des Tagungsorts Übertreibungen zu vermeiden und das rechte Maß zu wahren:
- Zum einen darf nicht der Eindruck erweckt werden, dass der Freizeit- und/oder Erholungswert des Tagungsortes im Vordergrund stehen.

- Zum anderen müssen die Dauer der Veranstaltung, die Anzahl und der Umfang der einzelnen Fortbildungsabschnitte sowie die nutzbaren Freizeitmöglichkeiten in einem sachlich vernünftigen Verhältnis zueinander stehen. Inwieweit dies angenommen werden kann, ist nach den Umständen des Einzelfalls zu ermitteln.

Damit die getroffene Entscheidung nachvollzogen werden kann, sind die Gründe für die Auswahl des Tagungsortes stets sorgfältig zu dokumentieren (→ Dokumentation, → Dokumentationsprinzip).

Tagungsstätte
→ § 19 Abs.3 (→ ANHANG 1)

Die Auswahl der Tagungsstätte für eine interne Fortbildungsveranstaltung (→ Fortbildungsveranstaltung (intern)), hat – wie die Auswahl des Tagungsorts – ausschließlich nach sachlichen Gesichtspunkten zu erfolgen.

Solche Gesichtspunkte sind beispielsweise:
- Zentrale Lage / räumliche Nähe,
- vorteilhafte Verkehrsanbindung,
- Größe / Kapazität,
- personelle Ausstattung,
- technische Ausstattung,
- Bewirtungsmöglichkeiten,
- Preisniveau.

Das legt die Auswahl von Businesshotels / Tagungshotels nahe, deren Betrieb speziell auf die Ausrichtung von Seminaren und Kongressen eingestellt ist.

Luxushotels, deren Bedeutung und Ansehen in erster Linie auf ihrer erlesenen Ausstattung und ihrem exklusiven Ambiente sowie einem dadurch geprägten besonderen Freizeitwert beruhen, kommen dafür regelmäßig nicht in Betracht. Findet eine Tagung allerdings ohne Übernachtung statt, tritt der Luxuscharakter eines Hotels möglicherweise in den Hintergrund, wodurch sich für die Zulässigkeit der Auswahl eine freiere Beurteilung ergeben kann.

Es ist aber unbedingt auch bei der Auswahl der Tagungsstätte geboten, Übertreibungen zu vermeiden und das rechte Maß zu wahren. Der Eindruck, dass der Freizeit- und/oder Erholungswert der Tagungsstätte im Vordergrund stehen/steht, darf sich niemals aufdrängen. Inwieweit eine Auswahl hiernach vertretbar ist, ist an den Umständen des Einzelfalls zu messen.

Damit die getroffene Entscheidung nachvollzogen werden kann, sind die Gründe für die Auswahl der Tagungsstätte stets sorgfältig zu dokumentieren (→ Dokumentation, → Dokumentationsprinzip).

Transparenz-/Genehmigungsprinzip

Das Transparenz-/Genehmigungsprinzip ist einer der vier Grundsätze zur Verringerung des Strafbarkeitsrisikos bei der Zusammenarbeit der Hersteller von Arzneimitteln und Medizinprodukten mit Angehörigen der → Fachkreise. Diese Grundsätze sind wesentliche Orientierungspunkte des → Gemeinsamen Standpunkts der Verbände (→ ANHANG 3).

Das Transparenz-/Genehmigungsprinzip hat zum Inhalt:
Unternehmen dürfen Vergütungen für die Leistungen von Ärzten nur auf der Grundlage eines schriftlichen Vertrags erbringen, aus dem sich Leistung und Gegenleistung eindeutig ergeben.

Zuwendungen an Verwaltungen, Leitungen oder Träger medizinischer Einrichtungen, durch die einzelne Mitarbeiter dieser medizinischen Einrichtungen begünstigt werden können, sind offen zu legen.

Handelt der Mitarbeiter einer medizinischen Einrichtung im Rahmen einer Nebentätigkeit, liegt also kein Vertrag zwischen dem Unternehmen und der medizinischen Einrichtung selbst zugrunde, bedarf jede Kooperation einer Genehmigung, zumindest aber der Kenntnisnahme, durch den Dienstherrn.

Trennungsprinzip

Das Trennungsprinzip ist einer der vier Grundsätze zur Verringerung des Strafbarkeitsrisikos bei der Zusammenarbeit der Hersteller von Arzneimitteln und Medizinprodukten mit Angehörigen der → Fachkreise. Diese Grundsätze sind wesentliche Orientierungspunkte des → Gemeinsamen Standpunkts der Verbände (→ ANHANG 3).

Das Trennungsprinzip hat zum Inhalt:
Zuwendungen an Ärzte, Mitarbeiter medizinischer Einrichtungen und sonstige Angehörige der Fachkreise dürfen nicht in Abhängigkeit von Umsatzgeschäften erfolgen. Sie dürfen insbesondere nicht gewährt werden, um in unzulässiger Weise Einfluss auf Beschaffungs- oder Verordnungsentscheidungen zu nehmen. Zuwendungen dürfen nicht einmal den Eindruck erwecken, sie sollten den Empfänger bestimmen, den Vorteil auf die „Waagschale seiner Entscheidung" zu legen, oder er handele dem entsprechend.

Zuwendungen, die ausschließlich oder überwiegend privaten Zwecken dienen, dürfen nicht gewährt und nicht angenommen werden.

Angehörige von Ärzten, Mitarbeitern medizinischer Einrichtungen und sonstigen Verantwortlichen für Beschaffungs- oder Verordnungsentscheidungen dürfen keine Zuwendungen erhalten.

Übernachtungskosten
→ Reise- und Übernachtungskosten bei Fortbildungsveranstaltungen

Unlauterer Wettbewerb
→ Gesetz gegen den unlauteren Wettbewerb (UWG)

Unterhaltungsprogramme
→ § 19 Abs.2 (→ ANHANG 1)

Unterhaltungsprogramme (z. B. Stadtrundfahrten, Theateraufführungen, Konzerte, Sportveranstaltungen, Weinverkostungen, Anschlussurlaube, Tannenbaumschlagen) dürfen als „Rahmen" von Fortbildungsveranstaltungen durch pharmazeutische Unternehmen weder finanziert noch organisiert werden.
Auch die Abwicklung über eine Agentur ist unzulässig (→ Dritte(r)).

Bei → Fortbildungsveranstaltungen (extern) muss das Unternehmen darauf achten und in geeigneter Weise sicherstellen, dass von ihm entrichtete Zahlungen (z.B. Sponsoringmittel) nicht vom Veranstalter für Unterhaltungsprogramme verwendet werden.
Entsprechende schriftliche Vereinbarung empfiehlt sich.

Praxisfall:
Unzulässig ist es, auf der Fortbildungsveranstaltung eines pharmazeutischen Unternehmens nach einem vormittäglichen sachlichen Teil nachmittags für die Teilnehmer und deren Begleitpersonen eine Spreewaldfahrt zu organisieren und anzubieten. Daran ändert sich auch dann nichts, wenn die Kosten eines derartigen Ausflugs durch eine Tagungspauschale abgegolten werden.

Vergütung
→ Entgelt

Als Vergütung (= Entgelt) bezeichnet man jede in einem Vermögensvorteil bestehende → Gegenleistung. Alternativ dazu nennt man die einseitige Zuwendung → Sonstiger geldwerter Vorteil.

Im Rahmen der vertraglichen → Zusammenarbeit mit Ärzten darf die Vergütung nur in Geld bestehen. Das folgt aus dem → Transparenzprinzip.

Vergütung etwa durch
- Sachen anderer Art (z.B. elektrische Geräte, Fachliteratur, Konsumartikel),
- Dienstleistungen (z.B. Rechtsberatung),
- Nutzungsvorteile (z.B. Gebrauchsüberlassungen)

erschwert die Bewertung der → Angemessenheit im Vergleich mit der Leistung des Arztes und kann Zweifel an der Lauterkeit der Zuwendung aufkommen lassen. Sie ist deshalb unzulässig.

Nach dem → Äquivalenzprinzip ist das angemessene Verhältnis zwischen Vergütung und erbrachter ärztlicher Leistung wesentliches Element einer kodexkonformen Vertragsbeziehung.

Die Vergütung ist dann angemessen, wenn ihr Wert dem (finanziell bemessenen) Wert der ärztlichen Leistung im Wesentlichen gleich ist.
Dieser Wert wird bestimmt vom
- Inhalt der Leistung

und von Besonderheiten ihrer Erbringung, namentlich von
- dem Schwierigkeitsgrad,
- dem Zeitaufwand
- und der individuellen Kompetenz und/oder
  dem beruflichen Ansehen des Arztes.

Einschlägige Marktpreise („Marktüblichkeit") oder staatlich festgesetzte Preise können bei der Ermittlung des Wertes eine Orientierungshilfe sein:
- Handelt es sich um Vortragstätigkeit oder schriftstellerische Tätigkeit des Arztes, werden in der Regel
  - ein Überblick über die im einschlägigen Wissenschaftsbereich hierfür üblicherweise gezahlten Honorare sowie
  - eine sachgerechte vergleichende Einordnung in das sich dabei eröffnende Vergütungsspektrum angezeigt sein.
- Geht es um gutachtliche Tätigkeit, bietet insbesondere die → Gebührenordnung für Ärzte (GOÄ) mit ihren in den Nummern 80 und 85 enthaltenen Gebührensätzen geeignete Anhaltspunkte für die Beurteilung der Angemessenheit. Näheres: → Gebührenordnung für Ärzte (GOÄ).

- Andere vertragliche (etwa beratende) Leistungen der Ärzte im Rahmen der Zusammenarbeit mit pharmazeutischen Unternehmen können grundsätzlich ebenfalls, je nach ihrer Art mehr oder weniger, an Gebührenpositionen der GOÄ gemessen werden.

Der FSA ermittelt die Angemessenheit im Zusammenhang mit → Preisausschreiben, bei denen es um das Verhältnis eines ausgelobten Preises zur wissenschaftlichen/fachlichen Teilnehmerleistung geht, mit Hilfe einer von ihm selbst entwickelten Berechnungsformel:

„Ziff. 80 GOÄ = € 17,49 : 20 Min x tatsächliche Min x Faktor 5".

Der Teiler „20 Min" kennzeichnet hierbei den Zeitaufwand, den der FSA jeweils der einfachen Gebühr nach Nummer 80 zugrunde legt.

Ob und gegebenenfalls inwieweit der FSA die Berechnungsformel auf andere Bereiche vertraglicher Zusammenarbeit der pharmazeutischen Unternehmen mit Ärzten ausdehnt, ist wohl noch offen.

Für die Praxis der Unternehmen, die ein einfaches Berechnungsschema bevorzugen und auch gegenüber dem FSA auf der sicheren Seite sein wollen, kann sich durchaus empfehlen, die Formel grundsätzlich für alle Vergütungen innerhalb der Zusammenarbeit mit Ärzten heranzuziehen. Denn sie gibt ohne größeren Aufwand die Gewissheit, die Grenzen der → Angemessenheit einzuhalten und damit dem → Äquivalenzprinzip gerecht zu werden.

Im Übrigen aber gilt auch:
- Die Berechnung der Vergütung in „Anlehnung an die Gebührenordnung für Ärzte" ist für keine Form der Zusammenarbeit von Ärzten und pharmazeutischen Unternehmen zwingend vorgeschrieben.
- Die Angemessenheit einer Vergütung kann stets nach den Umständen des Einzelfalls unter Berücksichtigung der Billigkeit und der Grundsätze des fairen Ausgleichs innerhalb des für vergleichbare Leistungen üblichen Rahmens ermittelt werden.

Das → Transparenzprinzip und das → Dokumentationsprinzip verlangen, dass das Unternehmen in allen Fällen seine Kalkulation einschließlich aller Daten, die einen Schluss auf den Wert der Leistung zulassen, nachvollziehbar schriftlich festhält (ergänzend: → Dokumentation).

Verhaltensempfehlungen BAH, BPI, VFA
→ ANHANG 4

Die führenden Verbände der deutschen Arzneimittelindustrie – Bundesverband der Arzneimittel-Hersteller (BAH), Bundesverband der Pharmazeutischen Industrie (BPI), Verband Forschender Arzneimittelhersteller (VFA) – haben gemeinsam die „Verhaltensempfehlungen für die Zusammenarbeit der pharmazeutischen Industrie mit Ärzten" erarbeitet und im Sommer 2003 herausgegeben.
Diese knüpfen an den → Gemeinsamen Standpunkt der Verbände (→ ANHANG 3) an, der Orientierungen für die Zusammenarbeit zwischen Industrie, medizinischen Einrichtungen und deren Mitarbeitern gibt.
Sie übertragen seine Grundsätze auf die Zusammenarbeit von Unternehmen der pharmazeutischen Industrie mit allen in Deutschland tätigen Ärzten und beziehen so vor allem die Ärzte im niedergelassenen Bereich ein.

Ausdrückliches Ziel der Verhaltensempfehlungen ist, zu einem lauteren Wettbewerb bei der Zusammenarbeit mit den Ärzten beizutragen.
Inhaltlich regeln sie vor allem die wichtigsten Formen der Zusammenarbeit (Vortragstätigkeit, Beratung, klinische Prüfungen, Anwendungsbeobachtungen als ärztliche Leistungen für Unternehmen, berufsbezogene wissenschaftliche Fortbildungsveranstaltungen) sowie die Bedingungen für Geschenke, Bewirtungen, Gewinnspiele und Preisausschreiben.

Der → AKG-Verhaltenskodex (→ ANHANG 1) ist mit ihnen weitestgehend inhaltgleich.

Vertragliche Zusammenarbeit mit Ärzten
→ Zusammenarbeit mit Ärzten (vertraglich)

Vorteilsannahme (§ 331 StGB)
→ Strafvorschriften (→ ANHANG 9)

§ 331 StGB regelt die strafrechtlichen Folgen der Vorteilsannahme durch einen → Amtsträger oder einen „für den öffentlichen Dienst besonders Verpflichteten".

Die Vorteilsannahme ist die der → Vorteilsgewährung (§ 333 StGB) spiegelbildliche Tathandlung.

Kern des Tatbestands ist die inhaltliche Verknüpfung von Dienstausübung und Vorteilszuwendung durch die so genannte „Unrechtsvereinbarung", mit der Geber und Nehmer sich (mindestens stillschweigend) einig sind, dass die Zuwendung die Art und Weise der Dienstausübung zugunsten des Gebers beeinflussen soll.

Auf eine konkrete Diensthandlung braucht sich die "Unrechtsvereinbarung" nicht zu beziehen. Der Tatbestand ist bereits erfüllt, wenn es in einem bestehenden Gegenseitigkeitsverhältnis nur allgemein darum geht, die "Geneigtheit" des Nehmers zu erwecken, "gute Zusammenarbeit" herzustellen.
Damit sind auch erfasst
- Klimapflege zur Schaffung allgemeinen Wohlwollens im Rahmen der Dienstausübung,
- Anbahnungszuwendungen („Anfüttern"), die sich auf die Dienstausübung beziehen,
- Beraterverträge, aufgrund derer dem Amtsträger regelmäßige Vorteile zugewendet werden, die ein Nähe- und Abhängigkeitsverhältnis aufbauen.

Für die Definitionen der Begriffe Amtsträger und ein „für den öffentlichen Dienst besonders Verpflichteter" → Amtsträger.

Im hier relevanten Zusammenhang sind Amtsträger im Sinne der Vorschrift
- die als Beamte oder Angestellte des öffentlichen Rechts in öffentlich-rechtlichen Dienstverhältnissen stehenden Mitarbeiter medizinischer Einrichtungen,
- Angestellte einer privatrechtlich organisierten Einrichtung (z.B. Krankenhaus GmbH oder AG), sofern sie hoheitliche Aufgaben (etwa in Forschung oder Krankenversorgung) wahrnehmen.

Vorteil ist jede Leistung des Zuwendenden, die den Amtsträger oder einen Dritten materiell oder immateriell in seiner wirtschaftlichen, rechtlichen oder sonstigen persönlichen Lage objektiv besser stellt und auf die er keinen rechtlich begründeten Anspruch hat.
Dafür kommen allgemein in Betracht:
- Geld, Sachwerte, Rabatte, Einladungen zu Veranstaltungen, Urlaubsreisen, Kongresse, Preisgelder i.V.m. Ehrungen, Ehrenämter, sexuelle Zuwendungen, Beförderungs- oder Karrierechancen.

(Unlautere) Vorteile im Bereich der Zusammenarbeit der pharmazeutischen Industrie mit Ärzten können beispielsweise außerdem sein:
- Kostenloses Zur-Verfügung-Stellen aufwändiger Apparate zu Erprobungszwecken oder als „Zugabe" bei Ankauf anderer Produkte,
- Spenden für von Klinikärzten gegründete Vereine zur Förderung der Ausstattung „ihrer" Abteilung als verschleierte „Kick-Back" – Honorierungen,
- Honorarzahlungen für wertlose Forschungsprojekte,
- Zuwendungen für zweifelhafte Fachtagungen,
- Barzuschüsse zu geselligen Veranstaltungen mit Vortrag eines kurzen Fachreferats,
- Vergütungen für Vorträge, Gutachten oder Veröffentlichungen ausgewiesener medizinischer Kapazitäten, die die dafür zahlenden Pharmaunternehmen selbst verfasst haben und für die die Kapazitäten unter Verdeckung der wahren Urheberschaft lediglich „ihre Namen hergeben".

Hinweise zur Zusammenarbeit der Industrie mit medizinischen Einrichtungen und deren Mitarbeitern: → Gemeinsamer Standpunkt der Verbände (→ ANHANG 3).

Vorteilsgewährung (§ 333 StGB)
→ Strafvorschriften (→ ANHANG 9)

§ 333 StGB regelt die strafrechtlichen Folgen der Vorteilsgewährung an einen → Amtsträger oder einen „für den öffentlichen Dienst besonders Verpflichteten".

Die Vorteilsgewährung ist die der → Vorteilsannahme (§ 331 StGB) spiegelbildliche Tathandlung.

Die Tat muss sich auf die allgemeine pflichtgemäße oder pflichtwidrige Dienstausübung beziehen.
Für die Definitionen der Begriffe Amtsträger und „für den öffentlichen Dienst besonders Verpflichteter" → Amtsträger.
Für die „Unrechtsvereinbarung" als Kern des Tatbestands und die als Vorteil in Betracht kommenden Leistungen → Vorteilsannahme (§ 331 StGB).

Hinweise zur Zusammenarbeit der Industrie mit medizinischen Einrichtungen und deren Mitarbeitern: → Gemeinsamer Standpunkt der Verbände (→ ANHANG 3).

Weihnachtsfeiern
→ §§ 21, 22 (→ ANHANG 1)

Finanzielle Unterstützungen für Weihnachtsfeiern von Ärzten oder anderen Angehörigen der Fachkreise werden gelegentlich „Sozialspenden" genannt. Sie sind aber keine → Spenden, sondern unzulässige → Geschenke.
Sie dürfen aus Lauterkeitsgründen weder gefordert noch gewährt werden.

Insbesondere ist auch die Übernahme von Kosten eines Weihnachtsessens einer Krankenhausabteilung oder einer Arztpraxis in der Form einer → Bewirtung verboten.

Werbegaben
→ § 21 (→ ANHANG 1)

Der Begriff Werbegaben, wie ihn § 7 → Heilmittelwerbegesetz (HWG) (→ ANHANG 8) verwendet, bezeichnet alle unentgeltlich gewährten geldwerten Vergünstigungen (Vorteile), die zum Zweck der Förderung des Absatzes von Arzneimitteln werblich eingesetzt werden. Er ist weit auszulegen: Werbegaben sind nicht nur Sachgeschenke (→ Geschenke), sondern auch Rabatte, Auskünfte, Ratschläge, Veranstaltungen.

§ 21 unterscheidet zwischen Werbegaben im Rahmen → produktbezogener (Absatz-)Werbung und Werbegaben im Rahmen der → Imagewerbung.

- Für produktbezogene (Absatz-)Werbung verweist § 21 Abs.1 auf § 7 HWG. Dort ist bestimmt, dass Werbegaben in diesem Rahmen (Produktbezogenheit) grundsätzlich unzulässig sind.

  Angehörige der Fachkreise dürfen sie nicht annehmen, es sei denn, es handelt sich um
  - Gegenstände von geringem Wert, die durch dauerhafte und deutlich sichtbare Bezeichnung des Werbenden und/oder des beworbenen Produkts gekennzeichnet (Werbeartikel) sind, oder
  - geringwertige Kleinigkeiten oder
  - bestimmte Geld- oder Natural-(Waren-)rabatte oder
  - handelsübliches Zubehör oder handelsübliche Nebenleistungen oder
  - Auskünfte oder Ratschläge oder
  - geringwertige Kundenzeitschriften

  und sie sind zur Verwendung in der ärztlichen, tierärztlichen oder pharmazeutischen Praxis bestimmt.

  Zu den einzelnen Ausnahmen des § 7 HWG:
  - Geringwertige Werbeartikel
    Hierbei kommt es nicht auf den Herstellungs- oder Anschaffungswert an, sondern auf den Wert, den der Gegenstand nach objektiven Maßstäben (Marktwert) für Empfänger hat. Ein Werbeaufdruck kann Wert mindernd wirken.

Beispiele: Luftballons, Taschenkalender, Tisch-/Wandkalender, Briefbeschwerer, Notizblöcke, Zettelkästen, Rezeptstempel, Bleistifte, Kugelschreiber, Feuerzeuge, Zündholzbriefe, Gutscheine mit Produkt- oder Unternehmenshinweis.

Die ziffernmäßige Festlegung einer Geringwertigkeitsgrenze ist, auch wenn es praktisch wünschenswert wäre, nicht allgemein verbindlich möglich. Sie hängt stets von den Umständen des Einzelfalls ab.

Annahmen von € 0,50 (gestützt auf die Rechtsprechung früherer Jahrzehnte) bis € 5 (Spruchpraxis FSA) berücksichtigen kaum die allgemeine Steigerung des Lebensstandards, die Preissteigerungen durch die Euro-Einführung und die Geldentwertung.

- Geringwertige Kleinigkeiten

  Die gleichen Gegenstände, die als geringwertige Werbeartikel in Betracht kommen (Kalender, Notizblöcke, Kugelschreiber…), ohne Werbeaufdruck.

  Eine Wertgrenze ist auch hier nicht allgemein festlegbar.

  Keine geringwertigen Kleinigkeiten sind (Spruchpraxis FSA):

  Handbuch „Reisemedizin"(Wert € 36,50), medizinisches Fachbuch (Wert € 39,95), Fachbuch mit Demo-CD (Wert € 29,00), Fachbuch als CD (Wert „Lizenzgebühr" € 58,00), graphologisches Gutachten am Rande eines Kongresses, mehrtägige Fortbildungsveranstaltung mit Ausflugsprogramm und kulinarischen Höhepunkten, Fortbildungsveranstaltung mit Begleitpersonen und kostspieligem Rahmenprogramm (Golfturnier, Kochkurs, Oldtimertouren, Trüffelverkostung).

  Keine geringwertigen Kleinigkeiten sind in der Regel auch:

  Knochenmodelle, Stethoskope, Tupfer, Latexhandschuhe.

- Geldrabatte

  Sie sind als Werbegaben grundsätzlich erlaubt für OTC-Produkte und für nicht apothekenpflichtige Arzneimittel. Denn diese fallen nicht unter die Arzneimittelpreisverordnung. Bei verschreibungspflichtigen Arzneimitteln sind sie auf das Maß beschränkt, das sich aus den Festlegungen der Arzneimittelpreisverordnung ergibt, darüber hinaus sind sie unzulässig.

  Handelsübliche Skonti sind keine Rabatte, daher uneingeschränkt zulässig. Rabattvereinbarungen zwischen Krankenkassen und pharmazeutischen Unternehmen nach § 130 a Abs. 8 SGB V werden von § 7 HWG nicht erfasst.

- Natural-(Waren-)rabatte
  Sie sind erlaubt für Medizinprodukte und für Arzneimittel, die nicht apothekenpflichtig sind. Für Arzneimittel, deren Abgabe den Apotheken vorbehalten ist, gilt die Ausnahme des § 7 Abs.1 HWG nicht. Insoweit sind Natural-(Waren-)rabatte entlang der gesamten Vertriebskette verboten, also auch zwischen pharmazeutischen Unternehmen und Krankenhäusern und zwischen pharmazeutischen Unternehmen und Großhändlern.
- Handelsübliches Zubehör oder handelsübliche Nebenleistungen können geschenkweise überlassene Geräte sein.

Für die Beurteilung, ob eine Werbegabe zur Verwendung in der beruflichen Praxis bestimmt ist, kommt es nicht auf den subjektiven Zweck an, den der Werbende damit verbindet, sondern allein auf die objektive Eignung der Werbegabe, die Praxisausübung zu ermöglichen oder zu fördern.
Gegenstände, die ersichtlich praxisfremden Zwecken dienen, sind z.B. Gartenausstattung, Sportartikel, sonstiger Freizeitbedarf.

§ 7 Abs.1 HWG gilt nicht für:
Zuwendungen im Rahmen ausschließlich berufsbezogener wissenschaftlicher Veranstaltungen, sofern diese einen vertretbaren Rahmen nicht überschreiten, insbesondere in Bezug auf den wissenschaftlichen Zweck der Veranstaltung von untergeordneter Bedeutung sind und sich nicht auf andere als im Gesundheitswesen tätige Personen erstrecken (§ 7 Abs.2 HWG).

Innerhalb von Fortbildungsveranstaltungen ist also die Aushändigung produktbezogenen Schulungs- und Informationsmaterials (Texte der gehaltenen Vorträge, Prospekte, Broschüren, Hand-outs) zulässig.
Nicht als fortbildungsbegleitendes Informationsmaterial kann angesehen werden ein medizinisches Fachbuch, das sich lediglich auf 10 % der Seiten mit dem Thema der Fortbildungsveranstaltung beschäftigt (Spruchpraxis FSA).

- Nicht produktbezogene allgemeine Vertrauenswerbung (→ Imagewerbung) ist, soweit sie nicht korruptionsrechtliche Straftatbestände erfüllt, nach dem Gesetz ohne weitere Beschränkung zulässig: Das → Heilmittelwerbegesetz (HWG) gilt hierfür nicht.

Aber § 21 Abs.2 schränkt ein:
- Geschenke sind nur zu besonderen Anlässen zulässig.
- Ohne Anlass sind auch geringwertige Geschenke unzulässig.
- Geschenke (bei besonderen Anlässen) müssen sich in einem angemessenen Rahmen halten. € 50 Obergrenze sind ein gesicherter Maßstab. Davon zu unterscheiden ist die steuerliche Obergrenze von € 35 pro Jahr, die auch beachtet werden sollte.

Die Bestimmung des Geschenks zur Verwendung in der Praxis ist nach dem → AKG-Verhaltenskodex (→ ANHANG 1) – anders als nach dem FSA-Kodex – im Rahmen der → Imagewerbung keine Zulässigkeitsvoraussetzung. Deshalb dürfen aus besonderem Anlass beispielsweise auch einmal ein Blumenstrauß, ein belletristisches Buch oder eine Flasche Wein überreicht werden.

Näheres: → Imagewerbung.

Zusammenarbeit mit Ärzten (vertraglich)
→ §§ 17, 24 (→ ANHANG 1)

Wichtige Formen vertraglicher Zusammenarbeit der pharmazeutischen Industrie mit Ärzten sind:
- → Anwendungsbeobachtungen,
- → Klinische Arzneimittelprüfungen,
- sonstige ärztliche Forschungen oder Beratungen (z.B. → Berater – Workshops),
- ärztliche Vorträge, Gutachten, Aufsätze,
- → Sponsoring.

Alle diese Zusammenarbeiten dürfen nicht versteckt zum Zwecke der Beeinflussung von Therapie-, Verordnungs- oder Beschaffungsentscheidungen oder zu bloßen Werbezwecken missbraucht werden.
→ Scheinverträge, die nur abgeschlossen werden, um Ärzten unter ihrem „Deckmantel" unlautere Vorteile zukommen zu lassen, sind verboten.

Bei der durch den Arzt zu erbringenden vertraglichen Leistung muss es sich stets um eine wissenschaftliche oder fachliche Tätigkeit für das Unternehmen handeln, wozu auch Ausbildungs- und Fortbildungszwecke zählen.

Wissenschaftliche Tätigkeit für das Unternehmen ist zu bejahen, wenn der Arzt medizinische oder pharmazeutische Erkenntnisse theoretischer oder praktischer Natur aus seiner spezifischen Sicht und Erfahrung selbst vermittelt und dies dem Unternehmen einen objektiv nachvollziehbaren Nutzen bringt (also in dessen feststellbarem geschäftlichen Interesse liegt).

Fachliche Tätigkeit für das Unternehmen ist jede berufsspezifische Tätigkeit des Arztes, die dem Unternehmen einen objektiven Nutzen bringt.
Der Begriff ist weit auszulegen.
Auch das bloße Organisieren einer Fachwissen vermittelnden Veranstaltung (Fachkongress), die im objektiv nachvollziehbaren Interesse des Unternehmens liegt, kann darunter fallen.

Leistungen von Ärzten für Unternehmen (z.B. Vortragstätigkeit, Beratung, klinische Prüfungen, Anwendungsbeobachtungen) dürfen nur auf der Grundlage eines schriftlichen Vertrages erbracht werden, aus dem sich Leistung und → Gegenleistung eindeutig ergeben (→ Transparenzprinzip, → Dokumentationsprinzip).
Das entspricht § 33 Abs.1 MBO-Ä:
Die Verträge über die Zusammenarbeit sind schriftlich abzuschließen und sollen der Ärztekammer vorgelegt werden.

Der Sinn dieser Regelung ist: Die Inhalte der Leistung und der Gegenleistung sollen ohne weiteres nachvollziehbar sein, damit jede unsachlich beeinflussende Vorteilsgewährung von vornherein und auch bei späterer Nachprüfung sicher ausgeschlossen werden kann.

Im Einzelnen müssen im Vertrag aufgeführt werden
- die von dem Arzt zu erbringenden Leistungen nach Art und Inhalt (z.B. Thema des Vortrags, Gegenstand und Umfang der Beratung, Anteile an der klinischen Prüfung, Beiträge zu der Anwendungsbeobachtung),

- gegebenenfalls auch ein für die Höhe der Vergütung ins Gewicht fallender besonderer Vorbereitungs- und Durchführungsaufwand,
- der Nutzen der ärztlichen Tätigkeit für das vergütende Unternehmen (kurze Beschreibung des mit dem Vortrag, dem Gutachten, der Beratung, der AWB angestrebten unternehmensnützlichen Erkenntnisgewinns),
- die Vergütung.

Allein eine die Honorarforderung ausweisende Rechnung des tätig gewordenen Arztes genügt dem Erfordernis der Schriftform nicht.
- Deshalb erfüllt die vor Einführung des Kodex übliche Praxis, Referententätigkeit niedergelassener Ärzte bei Fortbildungsveranstaltungen pharmazeutischer Unternehmen mündlich zu vereinbaren und sich mit der allein schriftlich abgefassten Honorarrechnung zu begnügen, den Anforderungen nicht mehr.

Die schriftliche Fixierung aller Tätigkeits- und Vergütungsmerkmale muss bei Beginn der ärztlichen Leistungserbringung („Beginn der Beratungs-/ Vortragsveranstaltung") komplett vorliegen.

Nicht erforderlich ist die Zusammenfassung des Vertrags in einer (einzigen) Urkunde.
- Der Vertrag kann auch in einer brieflichen Einladung (z.B. für einen → Berater-Workshop) und der darauf folgenden schriftlichen Anmeldung liegen. In diesen Fällen ergibt sich der Inhalt des Vertrages regelmäßig allein aus der Einladung, die deshalb die von dem einzelnen Arzt zu erbringende Leistung ebenso wie die Vergütung eindeutig und vollständig festhalten muss. Entscheidend ist dabei, dass eine Gesamtschau den Vereinbarungscharakter der Urkunden (Einladung und Anmeldung: beiderseitige Unterschriften) zweifelsfrei erkennen lässt.

Beim Vertrag mit einem selbständigen niedergelassenen Arzt ist nur dieser der Vertragspartner, die Vereinbarung (auf seiner Seite) nur von ihm zu unterzeichnen. Dasselbe gilt für einen Belegarzt, sofern er nicht als Vertreter seiner Einrichtung, sondern im eigenen Namen handelt.

Bei der Zusammenarbeit mit einem → Klinikarzt im Rahmen dessen Dienstverhältnisses sind die Hinweise und Empfehlungen des → Gemeinsamen

Standpunkts der Verbände (→ ANHANG 3) zusätzlich zu beachten.
Das bedeutet vor allem, dass das Unternehmen sich im eigenen Interesse versichern muss, dass der Arzt seinen (möglichen) Informationspflichten gegenüber dem Dienstherrn / Arbeitgeber nachgekommen ist und etwaige notwendige Genehmigungen erhalten hat.

Eine vereinbarte Leistung eines Arztes darf nur vergütet werden, wenn sie auch erbracht worden ist.

Die → Vergütung ärztlicher Leistungen für Unternehmen darf nur in Geld bestehen und muss zu der erbrachten Leistung in einem angemessenen Verhältnis stehen (→ Transparenzprinzip, → Äquivalenzprinzip).

Zur Angemessenheit heißt es in § 33 Abs. 1 MBO-Ä:
Soweit Ärztinnen und Ärzte Leistungen für die Hersteller von Arznei-, Heil- und Hilfsmitteln oder Medizinprodukten erbringen (z.B. bei der Entwicklung, Erprobung und Begutachtung), muss die hierfür bestimmte Vergütung der erbrachten Leistung entsprechen.

Für die Beurteilung der → Angemessenheit der Vergütung kommt es darauf an, inwieweit deren Wert nach den individuellen Umständen des Falles dem (finanziell bemessenen) Wert der ärztlichen Leistung im Wesentlichen gleich ist. Dazu näheres: → Vergütung.
Unter anderem die → Gebührenordnung für Ärzte (GOÄ) kann hierbei einen Anhaltspunkt bieten. Angemessene Stundensätze, die den Zeitaufwand berücksichtigen, können vereinbart werden.

Keine Ausnahme vom Grundsatz der Vergütung in Geld ist die zulässige → Beistellung von Geräten.
Sie ist als eine nur vorübergehende projektbezogene Geräteüberlassung nicht Teil der Gegenleistung des Unternehmens für die Leistung des Arztes, sondern ein rechtlich in der Sphäre des Unternehmens verbleibender eigener Beitrag zum Gelingen des gemeinsamen Projekts.
Dasselbe gilt, wenn das Unternehmen als Auftraggeber eines Projekts dem Arzt einzelne Mitarbeiter zur Unterstützung bei der Anwendung von Geräten (Einweisung / Bedienung) zur Verfügung stellt.

Ist zur Erfüllung der geschuldeten ärztlichen Leistung eine Reise, eine Hotelunterbringung oder ein sonstiger zusätzlicher Aufwand notwendig, kommt die Erstattung von → Auslagen und/oder → Spesen durch das beauftragende Unternehmen in Betracht. Diese darf einen angemessenen Umfang nicht übersteigen (→ Angemessenheit).

Näheres dazu: → Auslagen.

Ärzten oder → Dritten darf kein → Entgelt (= → Vergütung) dafür gewährt werden, dass sie bereit sind, Pharmaberater zu empfangen oder von anderen Unternehmensangehörigen Informationen entgegen zu nehmen.
„Dritte" sind in diesem Zusammenhang Personen oder auch Einrichtungen, deren Begünstigung dem Arzt bei natürlicher Betrachtungsweise zuzurechen ist (z.B. Familienangehörige, Mitarbeiter, Institute, Fachgremien).

Dieses Verbot gilt nicht nur für eine Vorteilsgewährung in Form der finanziellen → Gegenleistung, sondern auch für jeden anderen (als einseitige Leistung hingegebenen) → sonstigen geldwerten Vorteil.

§ 17 regelt ausdrücklich nur die vertragliche Zusammenarbeit der Unternehmen mit Ärzten. Die dabei festgelegten Grundsätze gelten aber auch für die Zusammenarbeit mit anderen Angehörigen der → Fachkreise.

ANHÄNGE

ANHANG 1
Verhaltenskodex der Mitglieder des Verbands Arzneimittel und Kooperation im Gesundheitswesen e.V. (AKG-Verhaltenskodex) vom 07. April 2008

Einleitung

Die Gesundheit ist das höchste Gut des Menschen. Arzneimittel tragen ganz wesentlich zur Gesundheit und zum Wohlbefinden bei. Die Erforschung, Entwicklung, Herstellung und der Vertrieb von Arzneimitteln stellen an die Unternehmen der pharmazeutischen Industrie hohe Anforderungen. Der Patient steht dabei im Mittelpunkt der Bemühungen, durch wirksame Arzneimittel Krankheiten vorzubeugen, diese zu heilen oder deren Folgen zu lindern.

Das vertrauensvolle Verhältnis zwischen Arzt und Patient ist die Basis jeder Therapie. Die Therapieentscheidung liegt in der alleinigen Verantwortung der Ärzteschaft. Die pharmazeutische Industrie sieht es als ihre Aufgabe, durch wissenschaftliche Informationen über Arzneimittel das Wissen zu vermitteln, das für eine sachgerechte Arzneimittelauswahl erforderlich ist. Darüber hinaus ist sowohl die Erforschung als auch die Entwicklung wirksamer Arzneimittel ohne eine enge fachliche Zusammenarbeit mit Ärzten und anderen Angehörigen der Fachkreise nicht vorstellbar.

Dabei gilt für die Mitglieder des AKG e. V. der Grundsatz, dass sich alle Maßnahmen bei der Vermittlung von Informationen und der Zusammenarbeit mit Ärzten in den Grenzen der geltenden Gesetze zu halten haben. Der Umgang mit den Fachkreisen ist durch das Heilmittelwerbegesetz (HWG) und das Arzneimittelgesetz (AMG) in Deutschland eindeutig geregelt. Mit dem „Gesetz zur Bekämpfung der Korruption" wurden u. a. die Bestimmungen zur Vorteilsannahme und Bestechlichkeit im Strafgesetzbuch (StGB) erweitert und verschärft.

Der seit 1981 bestehende „Kodex der Mitglieder des Bundesverbandes der Pharmazeutischen Industrie e. V." wird durch die vorliegende Fassung des Verhaltenskodex der Mitglieder des AKG e. V. novelliert und an die aktuellen gesetzlichen Regelungen angepasst. Die Mitglieder des AKG e. V. werden sich bei allen Maßnahmen in der Vermittlung von Informationen und in der Förderung der Zusammenarbeit mit den Fachkreisen an dem anerkannten Verhaltenskodex orientieren und diesen umsetzen. Die Mitglieder des AKG e.V. sind sich bewusst, dass es auf genaue, faire und objektive Informationen über ihre Arzneimittel ankommt, damit über deren Gebrauch eine sachliche Therapieentscheidung getroffen werden kann.

In dieser Absicht hat der AKG e.V. den AKG-Verhaltenskodex beschlossen. Der AKG e. V. setzt sich für den lauteren Wettbewerb unter den Pharmaunternehmen ein.

Durch den AKG-Verhaltenskodex ist sichergestellt, dass die Pharmaunternehmen wissenschaftliche Informationen über Arzneimittel wahrheitsgetreu vermitteln, täuschende Praktiken unterlassen, Interessenkonflikte mit Angehörigen der Fachkreise vermeiden sowie entsprechend den einschlägigen Gesetzen und Verordnungen handeln.

Zielrichtung ist dabei die Verhinderung von irreführenden Informationen und Korruptionstatbeständen im Umgang mit den medizinischen Fachkreisen.

Der AKG-Verhaltenskodex fügt sich in die allgemeine Rahmenordnung ein, die die freiwillige Kontrolle der pharmazeutischen Industrie durch das Prinzip „Prävention vor Sanktion" mit dem Ziel der Förderung der Zusammenarbeit der pharmazeutischen Industrie mit den Fachkreisen umsetzt.

Die Mitgliedsunternehmen können sich für eine dem lauteren Wettbewerb entsprechende Zusammenarbeit mit Einrichtungen des Gesundheitswesens und deren Mitarbeitern sowie mit niedergelassenen Ärzten darüber hinaus zusätzliche eigene Regeln und Richtlinien geben. Der AKG-Verhaltenskodex bleibt davon als verbindliche Bestimmung der Mindesterfordernisse unberührt.

1. Abschnitt: Anwendungsbereich

§ 1 Anwendungsbereich

(1) Der Kodex gilt für die Mitgliedsunternehmen sowie für die mit diesen verbundenen Unternehmen, sofern die verbundenen Unternehmen die Verbindlichkeit des AKG-Verhaltenskodex durch eine gesonderte schriftliche Vereinbarung anerkannt haben („Mitgliedsunternehmen" oder „Unternehmen").

(2) Der Kodex findet Anwendung
1. auf die im 3. Abschnitt dieses Kodex geregelte produktbezogene Werbung für Humanarzneimittel im Sinne des § 2 des Arzneimittelgesetzes, wenn
   a) es sich um verschreibungspflichtige Humanarzneimittel handelt und
   b) die Werbung gegenüber den Fachkreisen erfolgt und
2. auf die im 4. Abschnitt dieses Kodex geregelte Zusammenarbeit der Mitgliedsunternehmen mit Angehörigen der Fachkreise im Bereich von Forschung, Entwicklung, Herstellung und Vertrieb von verschreibungspflichtigen Humanarzneimitteln.

(3) Der Kodex findet keine Anwendung auf nicht-werbliche Informationen; darunter sind im Sinne dieses Kodex insbesondere zu verstehen:
1. die Etikettierung eines Arzneimittels sowie die Packungsbeilage;
2. Schriftwechsel und Unterlagen, die nicht Werbezwecken dienen und die zur Beantwortung einer konkreten Anfrage zu einem bestimmten Arzneimittel erforderlich sind;
3. sachbezogene Informationen wie Ankündigungen von Packungsänderungen, Warnungen über Nebenwirkungen sowie Referenzmaterialien (z.B. Warenkataloge und Preislisten, die keine produktspezifischen Aussagen enthalten);
4. sachbezogene Informationen in Bezug auf Krankheiten oder die menschliche Gesundheit;
5. unternehmensbezogene Informationen, z.B. an Investoren oder gegenwärtige oder zukünftige Mitarbeiter, einschließlich Finanzdaten, Berichte über Forschungs- und Entwicklungsprogramme sowie die Information über regulatorische Entwicklungen, die das Unternehmen und seine Produkte betreffen;
6. unternehmensbezogene Werbung ohne Bezug zu bestimmten Arzneimitteln (Imagewerbung).

§ 2 Definitionen
Fachkreise im Sinne dieses Kodex sind Angehörige der Heilberufe oder des Heilgewerbes, Einrichtungen, die der Gesundheit von Menschen dienen, oder sonstige Personen, soweit sie mit verschreibungspflichtigen Arzneimitteln erlaubterweise Handel treiben oder sie in Ausübung ihres Berufes anwenden.

§ 3 Verantwortlichkeit für das Verhalten Dritter
Die Verpflichtungen nach diesem Kodex treffen das Unternehmen auch dann, wenn es Andere (z. B. Werbeagenturen, Marktforschungsunternehmen) damit beauftragt, die von diesem Kodex erfassten Aktivitäten zu gestalten oder durchzuführen.

2. Abschnitt: Grundsätze

§ 4 Allgemeine Grundsätze
(1) Bei der Anwendung dieses Kodex sind nicht nur der Wortlaut der einzelnen Vorschriften, sondern auch dessen Geist und Intention sowie auch die geltenden Gesetze, insbesondere die Vorschriften des AMG, des HWG, des Gesetzes gegen unlauteren Wettbewerb (UWG) und des StGB und die allgemein anerkannten Grundsätze des Berufsrechts der Angehörigen der Fachkreise zu beachten und ihrem Wortlaut sowie ihrem Sinn und Zweck entsprechend zu berücksichtigen.

(2) Die Unternehmen müssen sich jederzeit an hohen ethischen Standards messen lassen. Insbesondere darf ihr Verhalten nicht die pharmazeutische Industrie in Misskredit bringen, das Vertrauen in sie reduzieren oder anstößig sein. Zudem muss die besondere Natur von Arzneimitteln und das berufliche Verständnis der angesprochenen Fachkreise berücksichtigt werden.

(3) Pharmaberater müssen ihre gesetzlichen Pflichten verantwortungsvoll erfüllen.

§ 5 Werbung
Bei der Anwendung des 3. Abschnitts dieses Kodex sind insbesondere die nachfolgenden allgemeinen Grundsätze zu berücksichtigen:
1. Werbung soll die angesprochenen Fachkreise in die Lage versetzen, sich ein eigenes Bild von dem therapeutischen Wert eines Arzneimittels zu machen. Sie muss daher zutreffend, ausgewogen, fair, objektiv und vollständig sein. Sie sollte auf einer aktuellen Auswertung aller einschlägigen Erkenntnisse beruhen und diese Erkenntnisse klar und deutlich wiedergeben.
2. Werbung soll den vernünftigen Gebrauch von Arzneimitteln unterstützen, indem sie sie objektiv und ohne ihre Eigenschaften zu übertreiben, darbietet.

§ 6 Zusammenarbeit
Bei der Anwendung des 4. Abschnitts dieses Kodex sind insbesondere die nachfolgenden allgemeinen Grundsätze zu berücksichtigen:
1. Die Angehörigen der Fachkreise dürfen in ihren Therapie-, Verordnungs- und Beschaffungsentscheidungen nicht in unlauterer Weise beeinflusst werden. Es ist daher verboten, ihnen oder einem Dritten unlautere Vorteile anzubieten, zu versprechen oder zu gewähren. Insbesondere dürfen die nachfolgend im 4. Abschnitt im Einzelnen beschriebenen möglichen Formen der Zusammenarbeit nicht in unlauterer Weise dazu missbraucht werden, die Freiheit der Angehörigen der Fachkreise in ihren Therapie-, Verordnungs- und Beschaffungsentscheidungen zu beeinflussen.
2. Unlauter sind insbesondere Vorteile, die unter Verstoß gegen die Vorschriften des HWG, des UWG, des StGB oder gegen die allgemein anerkannten Grundsätze des für die Angehörigen der Fachkreise geltenden Berufsrechts gewährt werden.

3. Abschnitt: Werbung

§ 7 Irreführungsverbot
(1) Irreführende Werbung ist unzulässig.

(2) Eine Irreführung liegt insbesondere dann vor,
1. wenn verschreibungspflichtigen Arzneimitteln eine therapeutische Wirksamkeit oder Wirkungen beigelegt werden, die sie nicht haben,
2. wenn fälschlich der Eindruck erweckt wird, dass
    a) ein Erfolg mit Sicherheit erwartet werden kann,
    b) bei bestimmungsgemäßem oder längerem Gebrauch keine schädlichen Wirkungen eintreten,
    c) die Werbung nicht zu Zwecken des Wettbewerbs veranstaltet wird,
3. wenn unwahre oder zur Täuschung geeignete Angaben
    a) über die Zusammensetzung oder Beschaffenheit von Arzneimitteln, Medizinprodukten, Gegenständen oder anderen Mitteln oder über die Art und Weise der Verfahren oder Behandlungen oder
    b) über die Person, Vorbildung, Befähigung oder Erfolge des Herstellers, Erfinders oder der für sie tätigen oder tätig gewesenen Personen gemacht werden.

(3) Bei der Beurteilung, ob das Verschweigen einer Tatsache irreführend ist, ist insbesondere ihre Eignung, die Verordnungsentscheidung der angesprochenen Fachkreise zu beeinflussen, zu berücksichtigen.

(4) Werbung muss hinreichend wissenschaftlich abgesichert sein und darf den Angaben in der Fachinformation nicht widersprechen. Dies gilt insbesondere für Werbeaussagen, die sich auf bestimmte Vorzüge, Qualitäten oder Eigenschaften eines Arzneimittels oder eines Wirkstoffes beziehen. Auch Werbeaussagen über Nebenwirkungen müssen alle verfügbaren Erkenntnisse widerspiegeln oder durch klinische Erfahrungen belegbar sein. Aussagen, die bereits in der Zulassung des Arzneimittels enthalten sind, bedürfen keiner weiteren wissenschaftlichen Absicherung. Auf Anfrage von Angehörigen der Fachkreise müssen die entsprechenden wissenschaftlichen Belege unmittelbar in angemessenem Umfang zur Verfügung gestellt werden können.

(5) Als „sicher" dürfen Arzneimittel nur bei entsprechender wissenschaftlicher Absicherung bezeichnet werden.

(6) Pauschale Aussagen, dass ein Arzneimittel keine Nebenwirkungen, toxischen Gefahren oder Risiken der Sucht oder Abhängigkeit birgt, sind unzu-

lässig. Aussagen, dass bestimmte Nebenwirkungen, toxische Gefahren oder Risiken der Sucht oder Abhängigkeit bislang nicht bekannt geworden sind, sind nur zulässig, wenn sie hinreichend wissenschaftlich abgesichert sind.

(7) Als „neu" dürfen Arzneimittel nur innerhalb eines Jahres nach dem ersten Inverkehrbringen, Indikationen nur innerhalb eines Jahres seit deren erster Bewerbung bezeichnet werden.

§ 8 Verbot der Schleichwerbung / Transparenzgebot
(1) Der werbliche Charakter von Werbemaßnahmen darf nicht verschleiert werden.

(2) Anzeigen, die von einem Unternehmen bezahlt oder geschaltet werden, sind so zu gestalten, dass sie nicht mit unabhängigen redaktionellen Beiträgen verwechselt werden können.

(3) Bei Veröffentlichungen Dritter über Arzneimittel und ihren Gebrauch, die von einem Unternehmen ganz oder teilweise finanziert werden, muss dafür Sorge getragen werden, dass diese Veröffentlichungen einen deutlichen Hinweis auf die Finanzierung durch das Unternehmen enthalten.

§ 9 Verbot der Werbung für nicht zugelassene Arzneimittel und nicht zugelassene Indikationen
Werbung für zulassungspflichtige Arzneimittel ist nur zulässig, wenn diese zugelassen sind. Eine Werbung, die sich auf Anwendungsgebiete oder Darreichungsformen bezieht, die nicht von der Zulassung erfasst sind, ist unzulässig.

§ 10 Pflichtangaben
(1) Jede Werbung für Arzneimittel im Sinne des § 2 Abs. 1 oder Abs. 2 Nr. 1 des Arzneimittelgesetzes muss folgende Angaben enthalten:
1. den Namen oder die Firma und den Sitz des pharmazeutischen Unternehmers,
2. die Bezeichnung des Arzneimittels,

3. die Zusammensetzung des Arzneimittels gemäß § 11 Abs. 1 Satz 1 Nr. 6 Buchstabe d des Arzneimittelgesetzes,
4. die Anwendungsgebiete,
5. die Gegenanzeigen,
6. die Nebenwirkungen,
7. Warnhinweise, soweit sie für die Kennzeichnung der Behältnisse und äußeren Umhüllungen vorgeschrieben sind,
7a. bei Arzneimitteln, die nur auf ärztliche oder zahnärztliche Verschreibung abgegeben werden dürfen, den Hinweis „Verschreibungspflichtig",

(2) Bei Arzneimitteln, die nur einen arzneilich wirksamen Bestandteil enthalten, muss der Angabe nach Absatz 1 Nr. 2 die Bezeichnung dieses Bestandteils mit dem Hinweis: „Wirkstoff:" folgen; dies gilt nicht, wenn in der Angabe nach Absatz 1 Nr. 2 die Bezeichnung des Wirkstoffs enthalten ist.

(3) Die Angaben nach den Absätzen 1 und 2 müssen mit denjenigen übereinstimmen, die nach § 11 oder § 12 des AMG für die Packungsbeilage vorgeschrieben sind. Können die in § 11 Abs. 1 Satz 1 Nr. 3 Buchstabe a und c und Nr. 5 des AMG vorgeschriebenen Angaben nicht gemacht werden, so können sie entfallen.

(4) Die nach Absatz 1 vorgeschriebenen Angaben müssen von den übrigen Werbeaussagen deutlich abgesetzt, abgegrenzt und gut lesbar sein.

(5) Die Absätze 1 und 2 gelten nicht für eine Erinnerungswerbung. Eine Erinnerungswerbung liegt vor, wenn ausschließlich mit der Bezeichnung eines Arzneimittels oder zusätzlich mit dem Namen, der Firma, der Marke des pharmazeutischen Unternehmers oder dem Hinweis: „Wirkstoff:" geworben wird.

§ 11 Bezugnahme auf Veröffentlichungen
Unzulässig ist eine Werbung, wenn
1. Gutachten oder Zeugnisse veröffentlicht oder erwähnt werden, die nicht von wissenschaftlich oder fachlich hierzu berufenen Personen erstattet worden sind und nicht die Angabe des Namens, Berufes und Wohnortes der Person, die das Gutachten erstellt oder das Zeugnis ausgestellt hat,

sowie den Zeitpunkt der Ausstellung des Gutachtens oder Zeugnisses enthalten,
2. auf wissenschaftliche, fachliche oder sonstige Veröffentlichungen Bezug genommen wird, ohne dass aus der Werbung hervorgeht, ob die Veröffentlichung das Arzneimittel, das Verfahren, die Behandlung, den Gegenstand oder ein anderes Mittel selbst betrifft, für die geworben wird, und ohne dass der Name des Verfassers, der Zeitpunkt der Veröffentlichung und die Fundstelle genannt werden,
3. aus der Fachliteratur entnommene Zitate, Tabellen oder sonstige Darstellungen nicht wortgetreu übernommen werden.

§ 12 Vergleichende Werbung

(1) Vergleichende Werbung ist jede Werbung, die unmittelbar oder mittelbar einen Mitbewerber oder die von einem Mitbewerber angebotenen Waren oder Dienstleistungen erkennbar macht.

(2) Vergleichende Werbung für Arzneimittel ist unzulässig, wenn der Vergleich
   a) sich nicht auf Arzneimittel für den gleichen Bedarf oder dieselbe Zweckbestimmung bezieht;
   b) nicht objektiv auf eine oder mehrere wesentliche, relevante, nachprüfbare und typische Eigenschaften oder den Preis dieser Arzneimittel bezogen ist;
   c) im geschäftlichen Verkehr zu Verwechslungen zwischen dem Werbenden und einem Mitbewerber oder zwischen den von diesen angebotenen Arzneimitteln oder den von ihnen verwendeten Kennzeichen führt;
   d) Wertschätzung des von einem Mitbewerber verwendeten Kennzeichens in unlauterer Weise ausnutzt oder beeinträchtigt;
   e) Arzneimittel, Dienstleistungen, Tätigkeiten oder persönliche oder geschäftliche Verhältnisse eines Mitbewerbers herabsetzt oder verunglimpft oder
   f) Arzneimittel als Imitation oder Nachahmung eines unter einem geschützten Kennzeichen vertriebenen Arzneimittels darstellt.

§ 13 Unzumutbare belästigende Werbung

(1) Werbung soll die Angehörigen der Fachkreise nicht unzumutbar belästigen. Eine unzumutbare Belästigung liegt vor, wenn eine Werbung erfolgt, obwohl es für den Werbenden erkennbar ist, dass der Empfänger diese nicht wünscht.

(2) Werbung unter Verwendung von Faxgeräten, automatischen Anrufmaschinen oder elektronischer Post ist nur zulässig, wenn eine Einwilligung des Empfängers vorliegt. Bei der Verwendung elektronischer Post ist eine mutmaßliche Einwilligung anzunehmen, wenn der Unternehmer die elektronische Postadresse von dem Empfänger erhalten hat und der Empfänger bei jeder Verwendung klar und deutlich darauf hingewiesen wird, dass er der Verwendung jederzeit widersprechen kann.

§ 14 Rote Hand

(1) Für Mitteilungen von neu erkannten erheblichen arzneimittelbedingten Gefahren oder für andere Risikoinformationen, die den Arzt und/oder Apotheker bei Handlungsbedarf unmittelbar erreichen sollen, um eine Gefährdung des Patienten nach Möglichkeit auszuschließen, ist sowohl auf den Briefumschlägen als auch auf den Briefen das Symbol einer roten Hand mit der Aufschrift „Wichtige Mitteilung über ein Arzneimittel" zu benutzen. Beim Versand eines „Rote Hand"-Briefes können sämtliche zur Verfügung stehenden Medien genutzt und entsprechend den Erfordernissen einer möglichst flächendeckenden Zustellbarkeitsquote eingesetzt werden. In besonders eilbedürftigen Fällen kann es erforderlich sein, diese Mitteilungen auch mündlich, per Telefax oder durch öffentliche Aufrufe, z.B. über Presse, Rundfunk und Fernsehen zu verbreiten.

(2) Ein „Rote Hand"-Brief darf weder als ganzes noch in Teilen den Charakter von Werbesendungen haben oder werbliche Aussagen enthalten. Andere wissenschaftliche Informationen, Anzeigen oder Werbeaussendungen dürfen weder mit dem Symbol der „Roten Hand" noch als „Wichtige Mitteilung" gekennzeichnet werden.

§ 15 Muster
(1) Maßgebend ist die Musterregelung in § 47 Abs. 3 und 4 des AMG.

(2) Die Behältnisse und äußeren Umhüllungen der Muster sind mit der deutlich lesbaren und dauerhaft angebrachten Schrift "Unverkäufliches Muster" zu versehen. Dies gilt nicht für Behältnisse von nicht mehr als zehn Milliliter Inhalt und bei Ampullen, die nur eine einzige Gebrauchseinheit enthalten.

(3) Da sichergestellt sein muss, dass die Anforderung von Mustern nur zur Information des Arztes geschieht, ist es unzulässig, das Angebot oder die Abgabe von Mustern mit dem Angebot oder der Abgabe von Werbegaben zu koppeln.

(4) Mit den Mustern ist die Fachinformation nach § 11a des Arzneimittelgesetzes zu übersenden. Das gilt auch für die Fachinformationen, die freiwillig erstellt werden.

(5) Auf Ausstellungen, die in Verbindung mit ärztlichen Kongressen oder Fortbildungsveranstaltungen stattfinden, dürfen keine Muster abgegeben werden, sondern nur die Wünsche der Besucher entgegengenommen werden.

4. Abschnitt: Zusammenarbeit mit Angehörigen der Fachkreise

§ 16 Verordnungen und Empfehlungen
Es ist unzulässig, Angehörigen der Fachkreise oder Dritten für die Verordnung und die Anwendung eines Arzneimittels oder die Empfehlung eines Arzneimittels gegenüber dem Patienten ein Entgelt oder einen sonstigen geldwerten Vorteil anzubieten, zu gewähren oder zu versprechen.

§ 17 Vertragliche Zusammenarbeit mit Ärzten
(1) Leistungen von Ärzten für Unternehmen (z. B. für Vortragstätigkeit, Beratung, klinische Prüfungen, Anwendungsbeobachtungen) dürfen nur auf Grundlage eines schriftlichen Vertrages erbracht werden, aus dem sich Leistung und Gegenleistung eindeutig ergeben.

(2) Bei der durch den jeweiligen Arzt zu erbringenden vertraglichen Leistung muss es sich um eine wissenschaftliche oder fachliche Tätigkeit für das Unternehmen handeln, wozu auch Ausbildungs- und Fortbildungszwecke zählen (Verbot von „Scheinverträgen"). Jedwede Zusammenarbeit darf nicht versteckt zum Zwecke der Beeinflussung von Therapie- oder Verordnungs- und Beschaffungsentscheidungen oder zu bloßen Werbezwecken missbraucht werden.

(3) Die Vergütung darf nur in Geld bestehen und muss zu der erbrachten Leistung in einem angemessenen Verhältnis stehen. Bei der Beurteilung der Angemessenheit kann unter anderem die Gebührenordnung für Ärzte einen Anhaltspunkt bieten. Dabei können auch angemessene Stundensätze vereinbart werden, um den Zeitaufwand zu berücksichtigen.

(4) Den Ärzten können zudem die in Erfüllung der ihnen obliegenden vertraglichen Leistungen entstehenden angemessenen Auslagen und Spesen erstattet werden.

(5) Den Ärzten oder Dritten darf kein Entgelt dafür gewährt werden, dass die Ärzte bereit sind, Pharmaberater zu empfangen oder von anderen Unternehmensangehörigen Informationen entgegen zu nehmen.

§ 18 Anwendungsbeobachtungen

(1) Anwendungsbeobachtungen sind wissenschaftliche Untersuchungen in den genehmigten Anwendungsgebieten nach der Zulassung oder Registrierung eines Arzneimittels, die der Gewinnung neuer Erkenntnisse über die Anwendung eines Arzneimittels und dessen Wirksamkeit und Verträglichkeit in der Praxis dienen.

(2) Bei Anwendungsbeobachtungen gilt im Hinblick auf die therapeutischen und diagnostischen Maßnahmen der Grundsatz der Nichtintervention.

(3) Planung, Gestaltung und Durchführung von Anwendungsbeobachtungen orientieren sich an den durch das Bundesinstitut für Arzneimittel und Medizinprodukte (BfArM) veröffentlichten Empfehlungen und Leitlinien in der jeweils

geltenden Fassung. Dabei sind insbesondere die ausgefüllten Beobachtungsbögen fachlich auszuwerten und die Durchführung der Anwendungsbeobachtungen einer geeigneten Qualitätssicherung zu unterziehen.

(4) Das Unternehmen hat auch die geplante Zahl der Patienten sowie die Höhe der Vergütung in Unterlagen zu begründen und zu dokumentieren.

(5) Hinsichtlich der Höhe der Vergütung für die Durchführung einer Anwendungsbeobachtung gilt § 17 Abs. 3 mit der Maßgabe, dass die Vergütung so zu bemessen ist, dass dadurch kein Anreiz zur Verordnung eines Arzneimittels entsteht.

§ 19 Einladung zu berufsbezogenen wissenschaftlichen Fortbildungsveranstaltungen

(1) Die Mitgliedsunternehmen dürfen Angehörige der Fachkreise zu eigenen berufsbezogenen Fortbildungsveranstaltungen einladen, die sich insbesondere mit ihren Forschungsgebieten, Arzneimitteln und deren Indikationen befassen (interne Fortbildungsveranstaltungen).

(2) Für die Eingeladenen dürfen angemessene Reise- und Übernachtungskosten (unter Einschluss eines Hotelfrühstücks) übernommen werden, sofern der berufsbezogene wissenschaftliche Charakter der internen Fortbildungsveranstaltung im Vordergrund steht. Im Rahmen solcher Fortbildungsveranstaltungen ist auch eine angemessene Bewirtung der Teilnehmer möglich. Unterhaltungsprogramme (z. B. Theater, Konzert, Sportveranstaltungen) der Teilnehmer dürfen weder finanziert noch organisiert werden. Die Anwesenheit der Teilnehmer sowie das durchgeführte Programm der Veranstaltung sind zu dokumentieren.

(3) Unterbringung und Bewirtung dürfen einen angemessenen Rahmen nicht überschreiten und müssen insbesondere in Bezug auf den berufsbezogenen wissenschaftlichen Zweck der internen Veranstaltung von untergeordneter Bedeutung sein. Die Auswahl des Tagungsortes und der Tagungsstätte für interne Fortbildungsveranstaltungen sowie die Einladung von Angehörigen der Fachkreise hierzu hat dabei nach sachlichen Gesichtspunkten zu erfolgen. Kein sachlicher Grund ist beispielsweise der Freizeitwert eines Tagungsortes.

(4) Die Einladung von Angehörigen der Fachkreise zu berufsbezogenen Fortbildungsveranstaltungen Dritter (externe Fortbildungsveranstaltungen) darf sich nur auf angemessene Reise- und Übernachtungskosten (unter Einschluss eines Hotelfrühstücks) sowie die durch den Dritten erhobenen Teilnahmegebühren erstrecken, wenn bei diesen Veranstaltungen der wissenschaftliche Charakter im Vordergrund steht und ein sachliches Interesse des Unternehmens an der Teilnahme besteht. Eine Übernahme von Kosten darf nur erfolgen, wenn bei der Veranstaltung sowohl ein Bezug zum Tätigkeitsgebiet des Mitgliedsunternehmens als auch zum Fachgebiet des Veranstaltungsteilnehmers vorliegt.

(5) Die finanzielle Unterstützung von externen Fortbildungsveranstaltungen gegenüber den Veranstaltern ist in einem angemessenen Umfang zulässig. Unterhaltungsprogramme dürfen dabei weder finanziell oder durch Spenden unterstützt noch organisiert werden. Die Mitgliedsunternehmen, die externe Fortbildungsveranstaltungen finanziell unterstützen, müssen darauf hinwirken, dass die Unterstützung sowohl bei der Ankündigung als auch bei der Durchführung der Veranstaltung von dem Veranstalter offen gelegt wird.

(6) Sofern Veranstalter ein Angehöriger der Fachkreise ist, müssen Art, Inhalt und Präsentation der Fortbildungsveranstaltung allein von diesem Veranstalter bestimmt werden.

(7) Die Einladung oder die Übernahme von Kosten darf sich bei internen und externen Fortbildungsveranstaltungen nicht auf Begleitpersonen erstrecken. Dies gilt auch für Bewirtungen.

(8) Die Organisation, Durchführung und/oder Unterstützung von internationalen Veranstaltungen oder die Übernahme von Kosten für deren Teilnehmer ist nur zulässig, wenn
1. die Mehrzahl der Teilnehmer aus einem anderen Land als dem kommt, in dem das Mitgliedsunternehmen seinen Sitz hat, oder
2. an dem Veranstaltungsort notwendige Ressourcen oder Fachkenntnisse zur Verfügung stehen (etwa bei anerkannten Fachkongressen mit internationalen Referenten) und

angesichts dessen jeweils logistische Gründe für die Wahl des Veranstaltungsortes in einem anderen Land sprechen.

Internationale Veranstaltungen sind interne oder externe Fortbildungsveranstaltungen, bei denen das die Veranstaltung organisierende, durchführende oder diese Veranstaltung oder deren Teilnehmer unterstützende Unternehmen seinen Sitz innerhalb der EU und/oder des EWR und/oder der Schweiz hat, die Veranstaltung aber außerhalb der EU und/oder des EWR und/oder der Schweiz stattfindet.

(9) Auf die Organisation, Durchführung und/oder Unterstützung von internationalen Veranstaltungen sowie auf die Einladung und Unterstützung der Teilnahme von Angehörigen der Fachkreise an diesen Veranstaltungen durch Unternehmen findet dieser Kodex Anwendung.

(10) Sofern von Angehörigen der Fachkreise bei internen oder externen Fortbildungsveranstaltungen im Auftrag von Mitgliedsunternehmen Vorträge gehalten oder andere Leistungen erbracht werden, ist § 17 anwendbar.

§ 20 Online-Informationen
Die berufsbezogene Information der Angehörigen der Fachkreise ist grundsätzlich auch durch Nutzung des Internets als individuelle Online-Ansprache (eDetailing) zulässig. Voraussetzung dafür ist, dass die angebotenen Module die Merkmale einer fachlichen wissenschaftlichen Informationsvermittlung erfüllen und einen Bezug zu den Produkten des Unternehmens und deren Anwendungen oder zu den Forschungsgebieten des Unternehmens haben. Darüber hinaus ist im Einzelfall die vorher festgestellte Teilnahmebereitschaft des jeweils Angesprochenen erforderlich.

§ 21 Geschenke
(1) Im Rahmen einer produktbezogenen Werbung sind bei Werbegaben die Grenzen von § 7 HWG zu beachten. Sofern § 7 HWG nichts anderes bestimmt, müssen diese „geringwertig" sein. Über die in § 10 dieses Kodex geregelten Angaben hinaus dürfen Werbegaben keine weiteren Hinweise oder Werbe-

aussagen enthalten als den Firmennamen, das Firmenlogo oder die Marke des Unternehmens bzw. den Namen des Arzneimittels oder die Bezeichnung seines Wirkstoffs.

(2) Darüber hinaus dürfen im Rahmen einer nicht produktbezogenen Werbung Geschenke zu besonderen Anlässen (z. B. Praxis-Eröffnung, Jubiläen) gewährt werden, wenn sie sich in einem angemessenen Rahmen halten.

§ 22 Bewirtung
Eine Bewirtung ist nur im Rahmen von internen Fortbildungsveranstaltungen sowie Arbeitsessen und in einem angemessenen Umfang zulässig. Der Anlass eines Arbeitsessens ist zu dokumentieren. Eine Bewirtung von Begleitpersonen ist unzulässig.

§ 23 Gewinnspiele und Preisausschreiben für Angehörige der Fachkreise
(1) Die produktbezogene Werbung mit Gewinnspielen, bei denen der Gewinn allein vom Zufall abhängt, ist auch gegenüber Angehörigen der Fachkreise unzulässig.

(2) Preisausschreiben, bei denen die Teilnahme von einer wissenschaftlichen oder fachlichen Leistung der teilnehmenden Angehörigen der Fachkreise abhängt und bei denen der in Aussicht gestellte Preis in einem angemessenen Verhältnis zu der durch die Teilnehmer zu erbringenden wissenschaftlichen oder fachlichen Leistung steht, sind zulässig.

§ 24 Zusammenarbeit mit Angehörigen der Fachkreise als Amtsträger und/oder Mitarbeiter medizinischer Einrichtungen
Bei der Zusammenarbeit mit Angehörigen der Fachkreise, die Amtsträger und/oder Mitarbeiter medizinischer Einrichtungen sind, sind zusätzlich die Hinweise und Empfehlungen des „Gemeinsamen Standpunktes" der Verbände zu beachten. Bei Dienstleistungsbeziehungen mit medizinischen Einrichtungen und deren Mitarbeitern sollten insbesondere folgende allgemeinen Grundsätze beachtet werden:

1. Dienstleistungsbeziehungen mit medizinischen Einrichtungen oder deren Mitarbeitern dürfen nicht dazu missbraucht werden, Beschaffungsentscheidungen zu beeinflussen.
2. Je nach dem Gegenstand der Dienstleistungsbeziehungen und den dienstrechtlichen Vorschriften ist der Vertrag mit der medizinischen Einrichtung selbst oder mit deren Mitarbeitern zu schließen. Soweit der Vertrag mit der medizinischen Einrichtung selbst abgeschlossen wird, regelt sie die Grundsätze der Kooperation durch Dienstanweisungen. Wird der Vertrag mit dem Arzt/Mitarbeiter geschlossen, hat das jeweilige Unternehmen eine schriftliche Bestätigung des ärztlichen Vertragspartners zu verlangen, dass dieser seinen Dienstherrn/Arbeitgeber umfassend informiert hat und die im Regelfall erforderliche Genehmigung des Dienstherrn/Arbeitgebers vorliegt. Die Information ist nur umfassend, wenn sie unter Offenlegung derjenigen Tatsachen erfolgt, die für die Beziehung zwischen dem Mitarbeiter und dem Unternehmen von Bedeutung sind. Aus Dokumentationsgründen kann darüber hinaus die Vorlage der entsprechenden schriftlichen Genehmigung des Dienstherrn/Arbeitgebers von dem Vertragspartner verlangt werden. Die Überlassung der schriftlichen Genehmigung sollte im letztgenannten Fall der Industrieseite auf entsprechendes Verlangen nicht verweigert werden.
3. Die vertraglichen Regelungen müssen legitime Interessen der Vertragspartner zum Gegenstand haben. In keinem Fall dürfen Preisnachlässe, Rabatte etc. über den Umweg von außerhalb der Umsatzgeschäfte geschlossenen Kooperationsverträgen gewährt werden. Bei der Auswahl des Vertragspartners dürfen allein dessen fachliche Qualifikationen ausschlaggebend sein.
4. Leistung und Gegenleistung müssen in einem angemessenen Verhältnis zueinander stehen. Dies sollte vor Abschluss der Verträge geprüft und umfassend dokumentiert werden. Dasselbe gilt für die Vertragsabwicklung und die entsprechenden Arbeitsergebnisse.
5. Verträge sind schriftlich abzuschließen. Es sind die Konten (einschließlich Kontoinhaber) anzugeben, über die die Finanzierung erfolgen soll.
6. Die Zahlung der vertraglich vereinbarten Vergütung darf nur dann erfolgen, wenn die geschuldeten Leistungen ordnungsgemäß erbracht worden sind. Dabei ist es möglich, vorab Zahlungen, etwa zum Zwecke einer Vorauszahlung zu Beginn eines Forschungsprojektes, zu leisten, wenn diese Vorauszahlung nach Abschluss des Projektes mit der geschuldeten Gesamtvergütung

ordnungsgemäß verrechnet wird. Die Zahlung der vertraglich vereinbarten Vergütung sollte unbar an das in dem jeweiligen Vertrag angegebene Bankkonto erfolgen.
7. Soweit die medizinischen Einrichtungen oder ihre Träger Vertragspartner sind und diese interne Richtlinien für die Zusammenarbeit mit Unternehmen erlassen haben, sind diese zu beachten. Soweit die Unternehmen eigene Richtlinien erlassen haben, sind auch diese zu beachten.

5. Abschnitt: Aufgaben und Schulung von Mitarbeitern und beauftragten Dritten

§ 25 Qualifikation und Aufgaben der Mitarbeiter

(1) Die Unternehmen sollen dafür Sorge tragen, dass ihre Pharmaberater einschließlich der über Verträge mit Dritten eingeschalteten Personen sowie andere Vertreter des Unternehmens, die Angehörige der Fachkreise, Krankenhäuser oder andere Einrichtungen des Gesundheitswesens im Zusammenhang mit der Werbung für Arzneimittel aufsuchen, angemessen ausgebildet und sachkundig sind, damit sie zutreffende und hinreichend vollständige Informationen über die von ihnen präsentierten Arzneimittel geben können.

(2) Pharmaberater sollen mit den Verpflichtungen, die die Unternehmen nach diesem Kodex treffen, sowie allen anwendbaren gesetzlichen Vorschriften vertraut sein. Die Unternehmen sind dafür verantwortlich, dass die Pharmaberater diese Anforderungen einhalten.

(3) Auch die übrigen Beschäftigten der Unternehmen sowie die über Verträge mit Dritten herangezogenen Personen, die mit der Vorbereitung oder Genehmigung von Werbematerialien oder -aktivitäten beschäftigt sind, sollen mit den Anforderungen der anwendbaren Regelungen und einschlägigen Gesetze und Vorschriften vertraut sein.

(4) Die Pharmaberater haben dem wissenschaftlichen Dienst ihrer Unternehmen jegliche Informationen weiterzugeben, die sie im Zusammenhang mit dem

Gebrauch der Arzneimittel dieses Unternehmens erhalten, insbesondere Berichte über Nebenwirkungen.

(5) Pharmaberater haben darauf zu achten, dass Häufigkeit, Dauer sowie Art und Weise ihrer Besuche bei den Angehörigen der Fachkreise den Praxisbetrieb nicht unzumutbar beeinträchtigen.

§ 26 Aufgaben und Schulung von Mitarbeitern und beauftragten Dritten
(1) Die Mitgliedsunternehmen haben ihre Mitarbeiter und beauftragte Dritte, die im Bereich der Werbung von Arzneimitteln tätig sind oder mit Angehörigen der Fachkreise zusammenarbeiten, auf die Einhaltung dieses Kodex zu verpflichten und durch geeignete organisatorische Vorkehrungen dessen Einhaltung zu sichern. Dazu kann auch die Etablierung und Ausgestaltung der Funktion eines „Compliance Officers" durch einen oder mehrere Mitarbeiter zählen.

(2) Die in Absatz 1 genannten Personen sind ferner über die wesentlichen Grundsätze der Berufsordnungen und der Berufspflichten der Angehörigen der Fachkreise zu informieren. Sie sind ferner über den Inhalt dieses Kodex zu schulen.

6. Abschnitt: Inkrafttreten

§ 27 Inkrafttreten
Der Kodex der Mitglieder des Vereins „AKG e.V." in der von der Mitgliederversammlung am 07.04.2008 verabschiedeten Fassung tritt mit der Anerkennung als Wettbewerbsregeln durch das Bundeskartellamt gemäß § 24 Abs. 3 GWB in Kraft.

ANHANG 2
Kodex der Mitglieder des Bundesverbandes der Pharmazeutischen Industrie e.V. (BPI-Kodex)
in der Fassung vom 28. Juni 1995, zuletzt geändert mit Wirkung zum 27. November 2001

Auszug (nicht abgedruckt sind Abschnitte 4 und 5, Anhänge und Fußnoten)

Präambel

Forschung und Entwicklung sowie Herstellung und Vertrieb von Arzneimitteln bringen für die pharmazeutischen Unternehmen besondere Verpflichtungen mit sich, die nicht zuletzt auch für das Verhalten im Wettbewerb von Bedeutung sind. Arzneimittel sind technisch hoch entwickelte und komplexe Güter, die umfassend erklärt werden müssen. Es gehört daher zu den unabdingbaren Aufgaben jedes pharmazeutischen Unternehmers, alle notwendigen und geeigneten Informationen über Bedeutung und Eigenschaften von Arzneimitteln an die Fachkreise im Gesundheitswesen, das sind vor allem Ärzte und Apotheker, sowie in angemessener Form auch an die Verbraucher zu vermitteln. Hierbei sollen nicht nur die Anwendungsmöglichkeiten und der Nutzen der Arzneimittel, sondern auch die Grenzen und Gefahren ihrer Anwendung unter Berücksichtigung der neuesten Erkenntnisse der medizinischen Wissenschaften dargestellt werden. Die Werbung ist ein wesentliches Element der Marktwirtschaft und Ausdruck intensiven Wettbewerbs in der pharmazeutischen Industrie. Dabei gilt für die Mitglieder des Bundesverbandes der Grundsatz, dass sich alle Werbemaßnahmen in einem angemessenen Rahmen zu halten haben. Die Tätigkeit der pharmazeutischen Unternehmen vollzieht sich in den Grenzen und auf dem Boden der geltenden Gesetze und Richtlinien, insbesondere des Gesetzes zur Neuordnung des Arzneimittelrechts, eingeschlossen die Bestimmungen zum Schutze des Menschen bei der klinischen Prüfung und die Richtlinie über die Prüfung von Arzneimitteln. Maßgebend sind ferner das Gesetz über die Werbung auf dem Gebiet des Heilmittelwesens, das Gesetz gegen den unlauteren Wettbewerb und die Rechtsprechung. Mit dem Ziel, ein diesen Grundsätzen entsprechendes Verhalten zu fördern und dem unlauteren Wettbewerb entgegenzuwirken, hat die Hauptversammlung des Bundesverbandes der Pharmazeutischen Industrie den nachstehenden Kodex der Mitglieder des Bundesverbandes der Pharmazeutischen Industrie e.V. beschlossen. Der Kodex fasst die geltenden Richtlinien und die für das Verhalten im Markt relevanten Beschlüsse zusammen. Nach Anerkennung durch das Bundeskartellamt gemäß § 28 Abs. 3 des Gesetzes gegen Wettbewerbsbeschränkungen (GWB) ist der Kodex für alle Mitglieder des Bundesverbandes verbindlich. Die Durchsetzung der Bestimmungen des Kodex erfolgt nach verbandsrechtlichen Grundsätzen.

1. Abschnitt: Werbung

§ 1 Anwendungsbereich

(1) Der Kodex findet Anwendung auf die Werbung für Humanarzneimittel im Sinne des § 2 des Arzneimittelgesetzes.

(2) Unzulässig ist eine Werbung für Arzneimittel, die nicht verkehrsfähig sind. Die Werbung ist demnach für zulassungs- bzw. registrierungspflichtige Arzneimittel nur zulässig, wenn und soweit sie zugelassen sind, als zugelassen gelten oder von der Pflicht zur Zulassung freigestellt sind bzw. registriert oder von der Pflicht zur Registrierung freigestellt sind.

(3) Keine Werbung ist insbesondere die wissenschaftliche Information über Arzneimittel im Rahmen der Vorbereitung und Durchführung einer klinischen Prüfung.

(4) Für die Werbung sind das Unternehmen, der Vertriebsleiter [ab 17. August 1996 auch der Informationsbeauftragte] oder andere nach der Betriebsverordnung für pharmazeutische Unternehmer bestellte Personen verantwortlich. Das gilt auch, wenn ein anderer (z.B. Werbeberater, Werbeagentur, Werbungsmittler, Verlage) beauftragt wird, sie zu gestalten oder durchzuführen.

(5) Pharmaberater im Sinne der §§ 75 und 115 AMG sind auch auf die Einhaltung des Kodex zu verpflichten.

§ 2 Fachkreise

Fachkreise im Sinne des Kodex sind Angehörige der Heilberufe oder des Heilgewerbes, Einrichtungen, die der Gesundheit von Mensch oder Tier dienen, oder sonstige Personen, soweit sie mit Arzneimitteln erlaubterweise Handel treiben oder sie in Ausübung ihres Berufes anwenden.

§ 3 Irreführende Werbung

(1) Unzulässig ist jede irreführende Werbung. Eine Irreführung liegt insbesondere dann vor,
1. wenn Arzneimitteln eine therapeutische Wirksamkeit oder Wirkungen beigelegt werden, die sie nicht haben,
2. wenn fälschlich der Eindruck erweckt wird, dass
    a) ein Erfolg mit Sicherheit erwartet werden kann,
    b) bei bestimmungsgemäßem oder längerem Gebrauch keine schädlichen Wirkungen eintreten,
    c) die Werbung nicht zu Zwecken des Wettbewerbs veranstaltet wird,
3. wenn unwahre oder zur Täuschung geeignete Angaben
    a) über die Zusammensetzung oder die sonstigen Eigenschaften von Arzneimitteln oder
    b) über die Person, Vorbildung, Befähigung oder Erfolge des Herstellers oder der für ihn tätigen oder tätig gewesenen Personen
    gemacht werden.

(2) Als "Wissenschaftliche Mitarbeiter" dürfen nur solche Personen bezeichnet werden, die über eine abgeschlossene medizinische oder naturwissenschaftliche Hochschulbildung verfügen.

(3) Als "neu" dürfen Arzneimittel nur innerhalb eines Jahres nach der ersten Ausbietung bezeichnet werden. Aus der Werbung und der wissenschaftlichen Information muss deutlich ersichtlich sein, in welcher Hinsicht das Präparat neu ist. Diese Angaben müssen deshalb in einem unmittelbaren Zusammenhang mit der Bezeichnung "neu" stehen. Bei der Einführung eines neuen Arzneimittels muss sichergestellt werden, dass zunächst die in Frage kommenden Fachkreise ausreichend über die Eigenschaften informiert werden, bevor

Informationen über die Einführung eines solchen Arzneimittels dem Publikum in dem jeweils zulässigen Rahmen zugeleitet werden.

(4) Anzeigen sind so zu gestalten, dass sie von den Lesern sofort und deutlich als Werbung erkannt und nicht mit redaktionellen Beiträgen verwechselt werden können.

§ 4 Pflichtangaben

(1) Jede Werbung für Arzneimittel im Sinne des § 2 Abs. 1 oder Abs. 2 Nr. 1 des Arzneimittelgesetzes muss folgende Angaben enthalten:
1. den Namen oder die Firma und den Sitz des pharmazeutischen Unternehmers,
2. die Bezeichnung des Arzneimittels,
3. die Zusammensetzung des Arzneimittels gemäß § 11 Abs. 1 Satz 1 Nr. 2 des Arzneimittelgesetzes,
4. die Anwendungsgebiete,
5. die Gegenanzeigen,
6. die Nebenwirkungen,
7. Warnhinweise, soweit sie für die Kennzeichnung der Behältnisse und äußeren Umhüllung vorgeschrieben sind,
8. bei Arzneimitteln, die nur auf ärztliche, zahnärztliche oder tierärztliche Verschreibung abgegeben werden dürfen, den Hinweis "Verschreibungspflichtig".

(2) Bei Arzneimitteln, die nur einen arzneilich wirksamen Bestandteil enthalten, muss der Angabe nach Absatz 1 Nr. 2 die Bezeichnung dieses Bestandteils mit dem Hinweis: "Wirkstoff:" folgen; dies gilt nicht, wenn in der Angabe nach Absatz 1 Nr. 2 die Bezeichnung des Wirkstoffs enthalten ist.

(3) Die Angaben nach den Absätzen 1 und 2 müssen mit denjenigen übereinstimmen, die nach § 11 oder § 12 des Arzneimittelgesetzes für die Packungsbeilage vorgeschrieben oder im Falle der Nichtanwendbarkeit der §§ 11, 12 des Arzneimittelgesetzes (vgl. §§ 109, 132 Abs. 1 AMG) in der verwendeten Packungsbeilage enthalten sind. Können die in Absatz 1 Nr. 5 und 6 vorgeschriebenen Angaben nicht gemacht werden, so können sie entfallen.

(4) Bei einer Werbung außerhalb der Fachkreise ist der Text „Zu Risiken und Nebenwirkungen lesen Sie die Packungsbeilage und fragen Sie Ihren Arzt oder Apotheker" gut lesbar und von den übrigen Werbeaussagen deutlich abgesetzt und abgegrenzt anzugeben. Bei einer Werbung für Heilwässer tritt an die Stelle der Angabe „die Packungsbeilage" die Angabe „das Etikett". Die Angaben nach Absatz 1 Nr. 1, 3, 5 und 6 können entfallen. Satz 1 findet keine Anwendung auf Arzneimittel, die für den Verkehr außerhalb der Apotheken freigegeben sind, es sei denn, dass in der Packungsbeilage oder auf dem Behältnis Nebenwirkungen oder sonstige Risiken angegeben sind.

(5) Die nach Absatz 1 vorgeschriebenen Angaben müssen von den übrigen Werbeaussagen deutlich abgesetzt, abgegrenzt und gut lesbar sein.

(6) Nach einer Werbung in audiovisuellen Medien ist der nach Absatz 4 Satz 1 oder 2 vorgeschriebene Text einzublenden, der im Fernsehen vor neutralem Hintergrund gut lesbar wiederzugeben und gleichzeitig zu sprechen ist, sofern nicht die Angabe dieses Textes nach Absatz 4 Satz 4 entfällt. Die Angaben nach Absatz 1 können entfallen.

(7) Die Absätze 1, 2, 4 und 6 gelten nicht für eine Erinnerungswerbung. Eine Erinnerungswerbung liegt vor, wenn ausschließlich mit der Bezeichnung eines Arzneimittels oder zusätzlich mit dem Namen, der Firma, der Marke des pharmazeutischen Unternehmers oder dem Hinweis: „Wirkstoff:" geworben wird. Unschädlich für die Erinnerungswerbung ist nach der Rechtsprechung die zusätzliche reine Preis- oder Mengenangabe.

§ 5 Homöopathische Arzneimittel
Für homöopathische Arzneimittel, die nach dem Arzneimittelgesetz registriert oder von der Registrierung freigestellt sind, darf mit der Angabe von Anwendungsgebieten nicht geworben werden.

§ 6 Werbung in der Packungsbeilage
(1) Unzulässig ist es, in der Packungsbeilage eines Arzneimittels für andere Arzneimittel oder andere Mittel im Sinne von § 1 Abs. 1 Nr. 2 des Heilmittelwerbegesetzes zu werben.

(2) Nach § 11 des Arzneimittelgesetzes vorgeschriebene oder zulässige Angaben sind in der Packungsbeilage keine Werbung. Das gilt auch für Hinweise auf weitere Packungsgrößen, Darreichungsformen und Stärken des gleichen Arzneimittels.

§ 7 Vergleichende Werbung
(1) Vergleichende Werbung ist jede Werbung, die unmittelbar oder mittelbar einen Mitbewerber oder die von einem Mitbewerber angebotenen Waren oder Dienstleistungen erkennbar macht.

(2) Vergleichende Werbung für Arzneimittel ist unzulässig, wenn der Vergleich
   a) sich nicht auf Arzneimittel für den gleichen Bedarf oder dieselbe Zweckbestimmung bezieht;
   b) nicht objektiv auf eine oder mehrere wesentliche, relevante, nachprüfbare und typische Eigenschaften oder den Preis dieser Arzneimittel bezogen ist;
   c) im geschäftlichen Verkehr zu Verwechslungen zwischen dem Werbenden und einem Mitbewerber oder zwischen den von diesen angebotenen Arzneimitteln oder den von ihnen verwendeten Kennzeichen führt;
   d) Wertschätzung des von einem Mitbewerber verwendeten Kennzeichens in unlauterer Weise ausnutzt oder beeinträchtigt;
   e) Arzneimittel, Dienstleistungen, Tätigkeiten oder persönliche oder geschäftliche Verhältnisse eines Mitbewerbers herabsetzt oder verunglimpft oder
   f) Arzneimittel als Imitation oder Nachahmung eines unter einem geschützten Kennzeichen vertriebenen Arzneimittels darstellt.

(3) Für die vergleichende Werbung außerhalb der Fachkreise (Publikumswerbung) gilt zudem § 14 Nr. 15.

(4) Die Hervorhebung der Tatsache, dass das eigene Präparat bestimmte Stoffe oder Stoffgruppen, die Bestandteile von Erzeugnissen anderer Firmen sind, nicht enthält, ist unzulässig, es sei denn, dass ein solcher Hinweis für die Aufklärung zur zweckentsprechenden Anwendung erforderlich ist.

§ 8 Unzulässige Werbung zur Verordnungsfähigkeit zu Lasten der GKV

(1) Für die Arzneimittelversorgung in der GKV besteht grundsätzlich Verordnungsfreiheit, ungeachtet leistungsrechtlicher Verordnungseinschränkungen oder -ausschlüsse. Deshalb ist es unzulässig, auf die Verordnungsfähigkeit werblich hinzuweisen, ohne hierzu näher erläuternde Angaben zu machen.

(2) Arzneimittel, deren Verordnung schlechthin und in jedem Einzelfall wirtschaftlich ist, gibt es nicht. Die Bezeichnung eines Arzneimittels als wirtschaftlich ist deshalb als irreführende Angabe unzulässig.

(3) Es ist unzulässig, unter Hinweis auf Arzneimittellisten oder dergleichen in der Weise zu werben, dass in den Aussagen betreffend die Aufnahme/Nichtaufnahme des eigenen Präparates in solche Listen gleichzeitig auf die Aufnahme/Nichtaufnahme von Konkurrenzprodukten hingewiesen wird.

(4) Unbeschadet der Absätze 1 bis 3 dürfen jedoch alle Tatsachen erwähnt werden, die für die Beurteilung der Wirtschaftlichkeit des Arzneimittels bedeutsam sind, weil sie z. B. dazu beitragen können,
1. die Wiederherstellung der Gesundheit oder Arbeitsfähigkeit zu beschleunigen,
2. die Arbeitsfähigkeit des Patienten zu erhalten,
3. die Krankenhauseinweisung zu vermeiden oder den Krankenhausaufenthalt abzukürzen,
4. die Behandlungskosten zu senken (z. B. Festbeträge und Festbetragsunterschreitung).

§ 9 Werbegaben

(1) Es ist unzulässig, Zuwendungen und sonstige Werbegaben (Waren oder Leistungen) anzubieten, anzukündigen oder zu gewähren, es sei denn, dass

1. es sich bei den Zuwendungen oder Werbegaben um Gegenstände von geringem Wert, die durch eine dauerhafte und deutlich sichtbare Bezeichnung des Werbenden oder des Arzneimittels oder beider gekennzeichnet sind, oder um geringwertige Kleinigkeiten handelt;
2. die Zuwendungen oder Werbegaben zusätzlich zur Warenlieferung eines pharmazeutischen Unternehmers, Herstellers oder Großhändlers, bei der es sich nicht um eine Lieferung apothekenpflichtiger Arzneimittel für andere als die in § 47 des Arzneimittelgesetzes genannten Endverbraucher handelt, in
   a) einem bestimmten oder auf bestimmte Art zu berechnenden Geldbetrag oder
   b) einer bestimmten oder auf bestimmte Art zu berechnenden Menge gleicher Ware gewährt werden;
3. die Zuwendungen oder Werbegaben nur in handelsüblichem Zubehör zur Ware oder in handelsüblichen Nebenleistungen bestehen; als handelsüblich gilt insbesondere eine im Hinblick auf den Wert der Ware oder Leistung angemessene teilweise oder vollständige Erstattung oder Übernahme von Fahrtkosten für Verkehrsmittel des öffentlichen Personennahverkehrs, die im Zusammenhang mit dem Besuch des Geschäftslokals oder des Orts der Erbringung der Leistung aufgewendet werden;
4. die Zuwendungen oder Werbegaben in der Erteilung von Auskünften oder Ratschlägen bestehen oder
5. es sich um unentgeltlich an den Verbraucher abzugebende Zeitschriften handelt, die nach ihrer Aufmachung und Ausgestaltung der Werbung von Kunden und den Interessen des Verteilers dienen, durch einen entsprechenden Aufdruck auf der Titelseite diesen Zweck erkennbar machen und in ihren Herstellungskosten geringwertig sind (Kundenzeitschriften).

(2) Bei der Werbung gegenüber den Fachkreisen ist die Abgabe von Werbegaben aller Art untersagt. Dies gilt nicht für Werbegaben im Sinne des Abs. 1 mit Gebrauchswert für die berufliche Tätigkeit der Fachkreise (z. B. Praxishilfen, Kalender, Notizbücher, Schreibmaterialien) sowie für die Abgabe von Broschüren.

(3) Abs. 1 gilt nicht für Zuwendungen gemäß § 18 Abs. 2.

§ 10 Werbung für Versand und Einzeleinfuhr

(1) Unzulässig ist eine Werbung, die darauf hinwirkt, Arzneimittel, deren Abgabe den Apotheken vorbehalten ist, im Wege des Versandes zu beziehen. Dieses Verbot gilt nicht für eine Werbung, die sich auf die Abgabe von Arzneimitteln in den Fällen des § 47 des Arzneimittelgesetzes bezieht.

(2) Unzulässig ist ferner die Werbung, Arzneimittel im Wege des Teleshopping oder bestimmte Arzneimittel im Wege der Einzeleinfuhr nach § 73 Abs. 2 Nr. 6a oder § 73 Abs. 3 des Arzneimittelgesetzes zu beziehen.

§ 11 Fernbehandlung

Unzulässig ist eine Werbung für die Erkennung oder Behandlung von Krankheiten, Leiden, Körperschäden oder krankhaften Beschwerden, die nicht auf eigener Wahrnehmung an dem zu behandelnden Menschen beruht (Fernbehandlung).

§ 12 Verschreibungspflichtige Arzneimittel

(1) Für verschreibungspflichtige Arzneimittel darf nur bei Ärzten, Zahnärzten, Tierärzten, Apothekern und Personen, die mit diesen Arzneimitteln erlaubterweise Handel treiben, geworben werden.

(2) Für Arzneimittel, die dazu bestimmt sind, bei Menschen die Schlaflosigkeit oder psychische Störungen zu beseitigen oder die Stimmungslage zu beeinflussen, darf außerhalb der Fachkreise nicht geworben werden.

2. Abschnitt: Werbung außerhalb der Fachkreise

§ 13 Publikumswerbung

Publikumswerbung ist die Werbung bei Personen, die nicht zu den Fachkreisen (§ 2) gehören.

§ 14 Besonderheiten bei der Publikumswerbung
Außerhalb der Fachkreise darf nicht geworben werden
1. mit Gutachten, Zeugnissen, wissenschaftlichen oder fachlichen Veröffentlichungen sowie mit Hinweisen darauf,
2. mit Angaben, dass das Arzneimittel ärztlich, zahnärztlich, tierärztlich oder anderweitig fachlich empfohlen oder geprüft ist oder angewendet wird,
3. mit der Wiedergabe von Krankengeschichten sowie mit Hinweisen darauf,
4. mit der bildlichen Darstellung von Personen in der Berufskleidung oder bei der Ausübung der Tätigkeit von Angehörigen der Heilberufe, des Heilgewerbes oder des Arzneimittelhandels,
5. mit der bildlichen Darstellung
    a) von Veränderungen des menschlichen Körpers oder seiner Teile durch Krankheiten, Leiden oder Körperschäden,
    b) der Wirkung eines Arzneimittels durch vergleichende Darstellung des Körperzustandes oder des Aussehens vor und nach der Anwendung,
    c) des Wirkungsvorganges eines Arzneimittels am menschlichen Körper oder an seinen Teilen,
6. mit fremd- oder fachsprachlichen Bezeichnungen, soweit sie nicht in den allgemeinen deutschen Sprachgebrauch eingegangen sind,
7. mit einer Werbeaussage, die geeignet ist, Angstgefühle hervorzurufen oder auszunutzen,
8. durch Werbevorträge, mit denen ein Feilbieten oder eine Entgegennahme von Anschriften verbunden ist,
9. mit Veröffentlichungen, deren Werbzweck missverständlich oder nicht deutlich erkennbar ist,
10. mit Veröffentlichungen, die dazu anleiten, bestimmte Krankheiten, Leiden, Körperschäden oder krankhafte Beschwerden beim Menschen selbst zu erkennen und mit den in der Werbung bezeichneten Arzneimitteln zu behandeln, sowie mit entsprechenden Anleitungen in audiovisuellen Medien,
11. mit Äußerungen Dritter, insbesondere mit Dank-, Anerkennungs- oder Empfehlungsschreiben, oder mit Hinweisen auf solche Äußerungen,
12. mit Werbemaßnahmen, die sich ausschließlich oder überwiegend an Kinder unter 14 Jahren richten,
13. mit Preisausschreiben, Verlosungen oder anderen Verfahren, deren Ergebnis vom Zufall abhängig ist,

14. durch die Abgabe von Mustern oder Proben von Arzneimitteln oder durch Gutscheine dafür,
15. mit Angaben, die nahe legen, dass die Wirkung des Arzneimittels einem anderen Arzneimittel oder einer anderen Behandlung entspricht oder überlegen ist.

§ 15 Krankheitsliste
Die Werbung für Arzneimittel außerhalb der Fachkreise darf sich nicht auf die Erkennung, Verhütung, Beseitigung oder Linderung der in der Anlage zu § 12 des Heilmittelwerbegesetzes aufgeführten Krankheiten oder Leiden beim Menschen oder Tier beziehen.

3. Abschnitt: Wissenschaftliche Zusammenarbeit und Information gegenüber den Fachkreisen

§ 16 Anwendungsbereich
Die Bestimmungen dieses Abschnittes gelten für die Werbung gegenüber den Fachkreisen, insbesondere allen Ärzten und Apothekern sowie bei Heilpraktikern, wobei bei letzteren jedoch nur für rezeptfreie Arzneimittel geworben werden darf, zu deren Verordnung oder Anwendung sie berechtigt sind. Anzuwenden sind diese Bestimmungen auch auf die Werbung gegenüber sonstigen Einzelhändlern, bei denen jedoch nur für Arzneimittel geworben werden darf, die außerhalb der Apotheke abgegeben werden dürfen.

§ 17 Honorare
(1) Leistungen von Ärzten für pharmazeutische Unternehmen, wie begleitende diagnostische Maßnahmen, dokumentarische Arbeiten und didaktische Tätigkeiten dürfen nur mit Geld und nur aufgrund einer schriftlichen Vereinbarung honoriert werden.

(2) Honorare im Sinne des Abs. 1 dürfen einen angemessenen Umfang nicht überschreiten und müssen der erbrachten Leistung entsprechen.

§ 18 Informationsveranstaltungen

(1) Für die Werbung gegenüber den Fachkreisen gilt der allgemeine Grundsatz, dass alle Maßnahmen unterbleiben müssen, die dazu führen können, dass ein Konflikt mit Berufspflichten entsteht. Insbesondere ist zu vermeiden, dass sich der Arzt bei der Verordnung und der Apotheker bei der Abgabe der Arzneimittel der werbenden Firma gegenüber gebunden fühlen.

(2) Der Grundsatz des Absatzes 1 ist auch bei Betriebsbesichtigungen, anderen Veranstaltungen und der dabei angebotenen Bewirtung zu beachten. Bei Informationsveranstaltungen ist darauf zu achten, dass der Informationszweck im Vordergrund steht und der Charakter der Informationsveranstaltungen durch übermäßige Aufwendungen für Bewirtung usw. nicht beeinträchtigt wird. Solche Zuwendungen dürfen sich nicht auf andere als im Gesundheitswesen tätige Personen erstrecken. Unterstützungshandlungen für die Teilnahme von Mitarbeitern medizinischer Einrichtungen an Kongress- und Informationsveranstaltungen sowie Betriebsbesichtigungen dürfen nicht in Abhängigkeit von Umsatzgeschäften oder Beschaffungsentscheidungen der medizinischen Einrichtungen erfolgen.

(3) Es ist unzulässig, Ärzten ein Entgelt (d. h., eine in einem Vermögensvorteil bestehende Gegenleistung) für die Verschreibung, Anwendung oder Empfehlung von Arzneimitteln anzubieten oder zu gewähren.

(4) Apothekern darf ein Entgelt nicht dafür angeboten oder gewährt werden, dass sie Schaufenster oder Verkaufsräume zur Werbung für Arzneimittel zur Verfügung stellen. Als Entgelt ist jede in einem Vermögensvorteil bestehende Gegenleistung anzusehen.

§ 19 Äußerungen Dritter

(1) Verwendet ein Unternehmen Äußerungen Dritter, insbesondere Veröffentlichungen aus der Fachpresse oder sonstige wissenschaftliche Literatur in der Werbung gegenüber Fachkreisen (Fachwerbung), so ist es wettbewerbsrechtlich für deren Inhalt ebenso verantwortlich wie für selbst verfasste Texte. Dies gilt sowohl für Sonderdrucke und wörtliche Zitate als auch für die sonstige Auswertung.

(2) Im Übrigen gelten folgende Grundsätze:
1. Gutachten dürfen nur verwendet werden, wenn sie von wissenschaftlich oder fachlich hierzu berufenen Personen erstattet worden sind. Name, Beruf und Wohnort des Gutachters sowie der Zeitpunkt der Ausstellung des Gutachtens sind in der Werbung und in der wissenschaftlichen Information anzugeben. Das Gleiche gilt für Berichte über Erfahrungen, die Ärzte bei der Anwendung eines Arzneimittels gemacht haben.
2. Die Namen von Ärzten dürfen nur mit deren Zustimmung erwähnt werden, soweit es sich nicht um berechtigte Bezugnahmen auf Veröffentlichungen in der Fachpresse oder auf die sonstige wissenschaftliche Literatur handelt.
3. Wird auf das Schrifttum verwiesen oder eine Stelle aus dem Schrifttum angeführt, sind der Name des Verfassers, der Zeitpunkt der Veröffentlichung und die Fundstelle zu nennen. Außerdem muss aus der Werbung und der wissenschaftlichen Information hervorgehen, ob sich die Veröffentlichung auf das Arzneimittel selbst oder nur auf seine Bestandteile oder sonstige in der Werbung und der wissenschaftlichen Information erwähnte Tatsachen bezieht.
4. In Verzeichnissen der in der Werbung und der wissenschaftlichen Information verwerteten Literatur müssen die Veröffentlichungen über das Präparat und das sonstige Schrifttum getrennt aufgeführt werden, um eine Irreführung des flüchtigen Lesers über den Umfang der Erfahrungen bei der Anwendung des Präparates in Klinik und Praxis zu vermeiden.
5. Aus der Fachliteratur entnommene Zitate, Tabellen oder sonstige Darstellungen sind wortgetreu zu übernehmen.

§ 20 Preisausschreiben

(1) Eine Werbung mit Preisausschreiben oder Auslobungen gegenüber Ärzten und Apothekern ist nur dann statthaft, wenn die Teilnehmer zu wissenschaftlichen bzw. fachlichen Leistungen aufgefordert werden, die eng mit der Ausübung des Berufs zusammenhängen oder durch die Berufsausbildung und -ausübung erworbene Kenntnisse voraussetzen. Die Bedeutung der wissenschaftlichen bzw. fachlichen Leistungen und die ausgesetzten Preise dürfen nicht in einem auffälligen Missverhältnis zueinander stehen.

(2) Die Werbung mit dem Angebot von Gewinnen, deren Empfänger ausschließlich durch eine Verlosung oder ein anderes, vom Zufall abhängiges Verfahren ermittelt werden, ist gegenüber Ärzten und Apothekern unzulässig.

§ 21 Ausstellungen
Auf Ausstellungen, die in Verbindung mit ärztlichen, pharmazeutischen oder sonstigen fachlichen Kongressen oder Fortbildungsveranstaltungen stattfinden, ist es nicht gestattet, Werbegaben (§ 9) an Ständen auszustellen oder ihre Abgabe vor oder während der Ausstellung anzukündigen. § 20 bleibt unberührt.

§ 22 Fachinformation
(1) Eine Gebrauchsinformation für Fachkreise (Fachinformation) muss auch dann § 11 a des Arzneimittelgesetzes entsprechen, wenn sie freiwillig erstellt wird. Unbeschadet Absatzes 3 und § 23 Abs. 5 ist die Fachinformation den Fachkreisen auf Anforderung zur Verfügung zu stellen und in Fällen therapierelevanter Änderungen in geeigneter Form zugänglich zu machen.

(2) Eine Fachinformation darf nur entsprechend dem im Anhang zu dieser Vorschrift abgedruckten Muster im DIN A4-Format gestaltet werden und muss den Kriterien gemäß Anhang entsprechen. Ein zusätzliches DIN A5-Format gemäß Anhang und zusätzliche Papierqualitäten sind zulässig.

(3) Der Pharmaberater hat, soweit er Angehörige der Heilberufe über einzelne Arzneimittel fachlich informiert, die Fachinformation nach § 11a des Arzneimittelgesetzes vorzulegen. Dies gilt auch für freiwillig geschaffene Fachinformationen nach § 22 Abs. 1.

§ 23 Muster
(1) Maßgebend ist die Musterregelung in § 47 Abs. 3 und 4 des Arzneimittelgesetzes unabhängig davon, ob die Abgabe der Fertigarzneimittel den Apotheken vorbehalten ist oder sie freiverkäuflich sind.

(2) Muster dürfen keine Stoffe oder Zubereitungen im Sinne des § 2 des Betäubungsmittelgesetzes enthalten, die als solche in Anlage II oder III des Betäubungsmittelgesetzes aufgeführt sind.

(3) Die Behältnisse und äußeren Umhüllungen der Muster sind mit der deutlich lesbaren und dauerhaft angebrachten Schrift "Unverkäufliches Muster" zu versehen. Dies gilt nicht für Behältnisse bis zu 3 ml Rauminhalt und für Ampullen.

(4) Da sichergestellt sein muss, dass die Anforderung von Mustern nur zur Information des Arztes geschieht, ist es unzulässig, das Angebot oder die Abgabe von Mustern mit dem Angebot oder der Abgabe von Werbegaben zu koppeln.

(5) Mit den Mustern ist die Fachinformation nach § 11a des Arzneimittelgesetzes zu übersenden. Das gilt auch für die Fachinformationen, die freiwillig erstellt werden.

(6) Auf Ausstellungen, die in Verbindung mit ärztlichen Kongressen oder Fortbildungsveranstaltungen stattfinden, dürfen keine Muster abgegeben werden, sondern nur die Wünsche der Besucher entgegengenommen werden.

ANHANG 3

Gemeinsamer Standpunkt zur strafrechtlichen Bewertung der Zusammenarbeit zwischen Industrie, medizinischen Einrichtungen und deren Mitarbeitern

(Gemeinsamer Standpunkt der Verbände)

beschlossen am 29. September 2000 von den Verbänden:

Arbeitsgemeinschaft der Wissenschaftlichen Medizinischen Fachgesellschaften
Bundesfachverband der Arzneimittel-Hersteller e.V.
Bundesverband Medizintechnologie
Bundesverband Deutscher Krankenhausapotheker e.V.
Bundesverband der Pharmazeutischen Industrie e.V.
Deutscher Hochschulverband
Deutsche Krankenhaus Gesellschaft
Forum Deutsche Medizintechnik in F + O und ZVEI
Verband der Diagnostica-Industrie e.V.
Verband der Krankenhausdirektoren Deutschlands e.V.
Verband Forschender Arzneimittelhersteller e.V.

Einleitung

Vor dem Hintergrund des sog. Herzklappenkomplexes und der daraufhin eingeleiteten staatsanwaltschaftlichen Ermittlungsverfahren wächst die Unsicherheit hinsichtlich der Zulässigkeit verschiedenster Kooperationsformen zwischen der Industrie, medizinischen Einrichtungen (z. B. Krankenhäuser, Universitätsklinika etc.) und deren Mitarbeitern.

Im Zentrum der Ermittlungen stehen dabei nicht nur persönliche Zuwendungen, sondern seit Jahrzehnten übliche Kooperationsformen zwischen Industrie, medizinischen Einrichtungen und deren Mitarbeitern – etwa die Finanzierung von wissenschaftlichen Studienprojekten, „Arzt im Praktikum" (AiP) und Assistenzarztstellen im Zusammenhang mit der Durchführung solcher Studien, die Unterstützung von Kongressteilnahmen sowie die Überlassung von Geräten an medizinische Einrichtungen zur Weiterentwicklung und Verbesserung der Diagnostik oder für Studien. Darüber hinaus sind Spenden an medizinische

Einrichtungen und Fördervereine sowie die Unterstützung bei der Ausrichtung von medizinischen Fachkongressen, aber auch die Finanzierung von Kongressteilnahmen durch Ärzte in besonderem Maße von den Ermittlungen betroffen. Die hierdurch in der Praxis ausgelösten Unsicherheiten sind durch die sog. „Korruptionsbekämpfungsgesetze" vom August 1997, mit denen der Gesetzgeber im Zuge der Änderung einer Vielzahl von Gesetzen die Straftatbestände der Vorteilsgewährung und der Bestechung verschärft und insbesondere auch die Gewährung von Drittvorteilen in den gesetzlichen Tatbestand einbezogen hat, noch größer geworden.

Es geht damit um die grundsätzliche Frage, wie die Kooperation der Industrie in diesen Bereichen mit medizinischen Einrichtungen und deren Mitarbeitern in Zukunft ausgestaltet werden könnte, um einen möglichen Korruptionsverdacht bereits im Ansatz zu vermeiden. Die sich hieraus ergebende Notwendigkeit der Schaffung von Orientierungspunkten für die weitere Zusammenarbeit mit medizinischen Einrichtungen und deren Mitarbeitern hat dazu geführt, dass von Seiten einzelner Unternehmen und Verbände bereits Hinweise für eine zukünftige Zusammenarbeit herausgegeben worden sind. Dasselbe gilt für eine Reihe universitärer Einrichtungen. Schließlich haben die Kultus- und Justizministerkonferenzen der Länder der Bundesrepublik Deutschland durch Beschlüsse vom 17. September 1999 bzw. 15. Dezember 1999 Hinweise für die Ausgestaltung der Verfahren bei der Annahme von Drittmitteln formuliert, die ebenfalls Orientierungspunkte bieten.

Angesichts der anhaltenden Unsicherheiten halten es die beteiligten Verbände jedoch für sinnvoll und notwendig, einen Gemeinsamen Standpunkt zur weiteren Zusammenarbeit zwischen Industrie, medizinischen Einrichtungen und deren Mitarbeitern zu formulieren und präzisierende Hinweise zu geben, wie eine am Wohl der Patienten orientierte und dem wissenschaftlichen Rang Deutschlands gerecht werdende Zusammenarbeit zwischen Industrie, medizinischen Einrichtungen und deren Mitarbeitern aussehen kann.
Diesem Anliegen liegt folgendes gemeinsames Verständnis zugrunde:

Die Kooperation zwischen Industrie, medizinischen Einrichtungen und deren Mitarbeitern ist insbesondere aus rechtlichen Gründen notwendig bzw. forschungs- und gesundheitspolitisch erwünscht. Die medizinische Forschung und die Weiterentwicklung von Arzneimitteln und Medizinprodukten erfordert zwingend eine enge Zusammenarbeit der Industrie mit medizinischen Einrichtungen und deren Mitarbeitern, insbesondere Ärzten. Da die Industrie nicht über eigene Kliniken verfügt, in denen die gesetzlich vorgeschriebenen klinischen Prüfungen und die aus der Produktbeobachtungspflicht der Industrie oder aus Auflagen der Zulassungsbehörden resultierenden Anwendungsbeobachtungen durchgeführt werden können, ist sie auf diese Kooperation angewiesen. Medizinische Einrichtungen und deren Mitarbeiter verfügen andererseits oftmals nicht über ausreichende technische und finanzielle Mittel, um Forschungsergebnisse zu erzielen oder diese für die Entwicklung von Arzneimitteln und Medizinprodukten umzusetzen. Eine Infragestellung der üblichen und als legitim angesehenen Kooperations- und Unterstützungsformen der Industrie würde neben einer Gefährdung des Wirtschafts- und Forschungsstandortes Deutschland zu einer Stagnation der Gesundheitsversorgung der Patienten führen. Gleichzeitig ist ein verstärktes Engagement der Industrie im Zusammenhang mit der Drittmittelforschung und damit eine engere Zusammenarbeit zwischen Industrie, medizinischen Einrichtungen und deren Mitarbeitern politisch ausdrücklich gewollt, zumal die staatliche Finanzierung der Hochschulen, die Verteilung der Mittel von der zentralen Hochschulebene auf die Fachbereiche und die weitere Verteilung auf die Institute und auf einzelne Forscher leistungsorientiert erfolgen und hierbei u. a. auch auf den Erfolg bei der Einwerbung von Drittmitteln abgestellt werden soll.

Auf der anderen Seite muss unter dem Gesichtspunkt der Korruptionsbekämpfungsgesetze vermieden werden, die Dienstausübung, insbesondere Beschaffungsentscheidungen, mit der Gewährung von Drittmitteln zu verknüpfen. Die den Gemeinsamen Standpunkt tragenden Verbände sind der Auffassung, dass sich ein insoweit bestehendes Strafbarkeitsrisiko insbesondere durch eine strikte Beachtung des Trennungs-, Transparenz-/Genehmigungs-, Dokumentations- und Äquivalenzprinzips ausschließen bzw. erheblich reduzieren lässt. Hierbei kommt der der Drittmittelforschung zugrundeliegenden unmittelbaren Vertragsbeziehung zur medizinischen Einrichtung (bei der Durchführung von Dienstaufgaben von Amtsträgern im Hauptamt) bzw. der Genehmigung oder Offenlegung der Leistungsbeziehungen zwischen der Industrie und den Mitarbeitern medizinischer Einrichtungen durch deren Dienstherren/Arbeitgeber (im Rahmen der Durchführung einer Nebentätigkeit) und der damit verbundenen Transparenz dieser Beziehungen nach Auffassung der beteiligten Verbände ein besonders hoher Stellenwert zu.

Der nachfolgende Gemeinsame Standpunkt der beteiligten Verbände beschreibt Rahmenbedingungen und gibt spezifische Hinweise, deren Einhaltung das Risiko eines Vorwurfs straf- oder dienstrechtswidrigen Verhaltens vermeiden soll. Eine endgültige Rechtssicherheit kann hierdurch jedoch nicht erreicht werden, da das Vorgehen der Staatsanwaltschaften und Gerichte bislang nicht einheitlich ist und jeder Einzelfall unterschiedliche Aspekte aufweisen kann. Die beteiligten Verbände halten es im Sinne einer möglichst weitreichenden straf- und dienstrechtlichen Risikominimierung daher für wünschenswert, wenn diese Hinweise durch möglichst einheitliche Drittmittelrichtlinien oder -erlasse der Bundesländer, die bislang allenfalls fragmentarisch bestehen, sowie in Form von Dienstanweisungen durch die jeweiligen Krankenhausträger bzw. Dienstherren der betroffenen Mitarbeiter ergänzt würden. Die beteiligten Verbände definieren mit diesem Gemeinsamen Standpunkt ihre übereinstimmende Auffassung dazu, welche konkrete Verhaltensweisen im Rahmen von Kooperationen zwischen Industrie und medizinischen Einrichtungen sowie deren Mitarbeitern im Interesse der Wahrung und Fortentwicklung des Forschungsstandortes Deutschland als nicht strafwürdig angesehen werden sollten. Davon unberücksichtigt bleiben Kodices und Empfehlungen der den Gemeinsamen Standpunkt tragenden Verbände, soweit diese für ihre Mitglieder weitergehende Anforderungen an die Zusammenarbeit zwischen der Industrie, medizinischen Einrichtungen und deren Mitarbeitern festlegen.

A. Strafrechtliche Rahmenbedingungen

I. Relevante Straftatbestände

Bei der Planung und Durchführung von Kooperationsformen zwischen der Industrie, medizinischen Einrichtungen und deren Mitarbeitern kann unter bestimmten – im folgenden näher beschriebenen – Voraussetzungen die Verwirklichung folgender Straftatbestände in Betracht kommen:

- § 331 StGB (Vorteilsannahme),
- § 333 StGB (Vorteilsgewährung),
- § 332 StGB (Bestechlichkeit),
- § 334 StGB (Bestechung) und
- § 299 StGB (Bestechlichkeit und Bestechung im geschäftlichen Verkehr).

1. Korruptionsbekämpfungsgesetze

a) Schutzzweck

Geschütztes Rechtsgut der für den öffentlichen Bereich relevanten Straftatbestände der §§ 33l ff. StGB ist die „Lauterkeit des öffentlichen Dienstes" und das „Vertrauen der Allgemeinheit in diese Lauterkeit". Durch die Androhung empfindlicher Freiheits- oder Geldstrafen soll bereits der Anschein der Käuflichkeit von Amtshandlungen vermieden werden. Gemeinsamer Unrechtskern dieser Tatbestände ist die sich aus der verbotenen Beziehung ergebende generelle Gefährdung des Staatsapparates, dessen Ansehen durch die Annahme von Zuwendungen für amtliche Tätigkeiten beeinträchtigt ist, da hierdurch das Vertrauen der Allgemeinheit in die Sachlichkeit staatlicher Entscheidungen leidet.

Durch die Einführung des Tatbestandes der Bestechlichkeit und Bestechung im geschäftlichen Verkehr (§ 299 StGB) in das StGB soll dies als „allgemein sozialethisch missbilligtes Verhalten" gekennzeichnet und das „Bewusstsein der Bevölkerung geschärft werden" (Bundestags-Drucksache 13/5584, S. 15).

b) Tathandlung

Voraussetzung für die Anwendbarkeit der Tatbestände der §§ 33l ff. StGB ist, dass ein „Amtsträger" für die Dienstausübung (Vorteilsannahme) bzw. als Gegenleistung für pflichtwidrige Diensthandlungen (Bestechlichkeit) für sich oder einen Dritten einen Vorteil fordert, sich versprechen lässt oder annimmt. Dasselbe gilt spiegelbildlich für die Geberseite (Vorteilsgewährung und Bestechung), wobei es für die Vorteilsgewährung bereits ausreichen kann, dass der Vorteil im Hinblick auf die Dienstausübung angeboten oder gewährt wird, ohne dass der Amtsträger dies akzeptieren oder so verstehen muss.

Im Zentrum der Korruptionsdelikte steht die sog. Unrechtsvereinbarung zwischen Geber und Nehmer. Dies bedeutet, dass eine beiderseitige Übereinstimmung hinsichtlich der Gewährung der Zuwendung als Gegenleistung für die Dienstausübung besteht. Unter einem Vorteil versteht man dabei jede Leistung des Zuwendenden, auf die der Amtsträger keinen gesetzlich begründeten Anspruch hat und die ihn materiell oder – nach den nicht unumstrittenen Auffassungen verschiedener Staatsanwaltschaften und Gerichte – auch nur immateriell (etwa im Sinne eines Karrierevorteils) in seiner wirtschaftlichen, rechtlichen oder persönlichen Lage objektiv besser stellt. Sie wird regelmäßig dann bejaht, wenn über Zuwendungen Einfluss auf die Bestellung von Produkten genommen oder Bestellungen von Seiten des Amtsträgers belohnt werden. Hierbei wird über den jeweiligen Einzelfall hinaus von den Gerichten in der Praxis das gesamte „Beziehungsgeflecht" zwischen Unternehmen und Zuwendungsempfänger im Rahmen der Beweiswürdigung herangezogen.

Nach der nicht unumstritten gebliebenen Rechtsprechung (BGHSt 31, 264 ff, HansOLG Hamburg, Beschluss vom 14. Januar 2000, Aktenzeichen: 2 Ws 243/99) kann ein Vorteil bereits in der Chance auf den Abschluss eines Vertrages liegen, der Leistungen an den Amtsträger zur Folge hat, und zwar auch dann, wenn diese in einem angemessenen Verhältnis zu den aufgrund dieses Vertrages geschuldeten Leistungen stehen (a. A.: G. Pfeiffer, NJW 1999, S. 782 ff.). Entgegen der Rechtsauffassung der den Gemeinsamen Standpunkt tragenden Verbände soll dies auch dann der Fall sein, wenn es sich um Verträge über gesetzlich vorgeschriebene oder von Behörden verlangte Studien, etwa Zulassungsstudien oder Anwendungsbeobachtungen, handelt.

Die Frage nach der Pflichtwidrigkeit der Diensthandlung betrifft die Abgrenzung der Vorteilsannahme bzw. Vorteilsgewährung einerseits von den Tatbeständen der Bestechung und Bestechlichkeit andererseits. Die Rechtsprechung bejaht diese Voraussetzung regelmäßig dann, wenn die Unbefangenheit eines Ermessensbeamten durch den Vorteil beeinträchtigt ist und er seine Entscheidungen aufgrund sachfremder Erwägungen trifft bzw. sich hierzu bereit erklärt. Zum Teil wird eine Pflichtwidrigkeit der Diensthandlung von den Gerichten bereits dann angenommen, wenn der Amtsträger (etwa ein Arzt) den Vorteil „auf die Waagschale künftiger Entscheidungen" legt, ohne dass der Vorteil für die Entscheidung ausschlaggebend sein muss.

c) **Adressaten der Korruptionsbekämpfungsgesetze**
„Amtsträger" im Sinne der §§ 331 ff. StGB sind nicht nur die als Beamte oder Angestellte des öffentlichen Rechts in öffentlich-rechtlichen Dienstverhältnissen stehenden Mitarbeiter von medizinischen Einrichtungen. Auch Angestellte einer privatrechtlich organisierten Einrichtung – z.B. einer Krankenhaus GmbH oder AG – können Amtsträger im Sinne der §§ 331 ff. StGB sein, sofern sie hoheitliche Aufgaben – etwa in der Forschung oder Krankenversorgung – wahrnehmen. Spiegelbildlich führt dies auf Seiten des Gebers von Vorteilen dazu, dass eine Vorteilsgewährung bzw. Bestechung (§ 333 StGB bzw. § 334 StGB) bei Vorliegen der weiteren Voraussetzungen angenommen werden kann.

Selbst wenn Mitarbeiter auf Seiten medizinischer Einrichtungen als Angestellte für eine medizinische Einrichtung in privater Trägerschaft tätig sind, können sich diese der Bestechlichkeit im geschäftlichen Verkehr gemäß § 299 Abs. 1 StGB strafbar machen. Auch dies gilt spiegelbildlich für die Geberseite (§ 299 Abs. 2 StGB).

Adressaten der Korruptionsbekämpfungsgesetze i.S.d. §§ 331 ff. bzw. des § 299 StGB sind damit alle Mitarbeiter (z. B. Ärzte und Krankenhausapotheker) sämtlicher medizinischer Einrichtungen ungeachtet ihrer rechtlichen Organisationsform.

d) **Sonderproblem: Annahme von „Drittvorteilen"**
Durch das im August 1997 in Kraft getretene Antikorruptionsgesetz wurden die bis dahin geltenden Straftatbestände weiter verschärft. Danach kann auch die Annahme sog. „Drittvorteile" unzulässig sein. Während es früher nur strafbar war, dem Amtsträger bzw. Handelnden selbst einen Vorteil für die konkrete Handlung zu gewähren, reicht es nunmehr bereits aus, dass der Vorteil einem Dritten gewährt wird. Daher kann auch der Vorteil, der ausschließlich der medizinischen Einrichtung oder einem anderen „Dritten" (etwa wissenschaftlichen Fachgesellschaften oder karitativen Einrichtungen) zugute kommt, die genannten Straftatbestände erfüllen.

e) **Rechtfertigung/Strafbarkeitsausschluss durch Genehmigung bei §§ 331, 333 StGB**

Eine Besonderheit besteht hinsichtlich der Strafnormen der Vorteilsannahme bzw. Vorteilsgewährung gemäß § 331 Abs. 3 bzw. § 333 Abs. 3 StGB. Danach ist die Annahme eines auf eine pflichtgemäße Diensthandlung gerichteten Vorteils dann nicht strafbar, wenn diese von der Behörde im Rahmen ihrer Befugnisse entweder vorab oder nach unverzüglicher Anzeige genehmigt wird. Eine Genehmigung im Sinne von § 331 Abs. 3 StGB ist jedoch dann ausgeschlossen, wenn es sich um die Annahme eines vom Amtsträger geforderten Vorteils bzw. um die Annahme von Vorteilen für pflichtwidrige Handlungen handelt.

Im übrigen richtet sich die Frage, ob eine Vorteilsannahme genehmigt werden kann, nach dem öffentlichen Dienstrecht. Das öffentliche Dienstrecht erlaubt die Annahme von Belohnungen und Geschenken nur dann, wenn die Zustimmung des öffentlichen Arbeitgebers oder Dienstherrn vorliegt (§ 43 BRRG, § 70 BBG, § 10 BAT). Allgemein lässt sich sagen, dass eine Zustimmung nur in engen Grenzen erteilt werden kann. Eine Genehmigung scheidet bereits dann aus, wenn der „Anschein der Käuflichkeit" von Amtshandlungen entstehen kann. Wegen des inneren Zusammenhangs mit den genannten dienstrechtlichen Vorschriften ist bei deren Auslegung – also für die Frage der Genehmigungsfähigkeit der Zuwendung – der Regelungsgehalt der strafrechtlichen Normen heranzuziehen. Der öffentliche Arbeitgeber bzw. Dienstherr darf demnach keine Zustimmung erteilen, sofern der Eindruck entsteht, dass der Entscheidungsträger den Vorteil „auf die Waagschale seiner Entscheidung" legen wird bzw. gelegt hat.

Im Zusammenhang mit dem Strafbarkeitsausschluss durch Genehmigungen sind damit auch die Vorschriften des § 42 BRRG und des § 65 BBG sowie die entsprechenden landesrechtlichen Vorschriften relevant, welche die Genehmigungsfähigkeit von Nebentätigkeiten regeln. Für den BAT-gebundenen Bereich sieht die Vorschrift des § 11 BAT die sinngemäße Anwendung der für die Beamten zuvor angeführten Bestimmungen vor.

2. Ärztliches Berufsrecht

Die Zusammenarbeit der Industrie mit Ärzten, die für medizinische Einrichtungen tätig sind, unterliegt neben straf- und dienstrechtlichen Bestimmungen auch dem ärztlichen Berufsrecht. Grundsätzlich gilt hierbei, dass in der Zusammenarbeit zwischen Industrie und Ärzten alles unterbleiben muss, was zu einem Konflikt mit Berufspflichten führt. Ärztliche Entscheidungen müssen danach gänzlich frei von wirtschaftlichem Einfluss getroffen werden (vgl. §§ 32, 33, 35 (Muster-) Berufsordnung für die deutschen Ärztinnen und Ärzte - MBO-Ä 1997).

II. Grundsätze

Das Strafbarkeitsrisiko lässt sich durch die Einhaltung bestimmter Prinzipien erheblich minimieren. Diese Prinzipien folgen aus den dargestellten straf-, dienst- und berufsrechtlichen Regeln sowie aus den hochschulrechtlichen und anderen Bestimmungen über die Einwerbung und Verwaltung von Drittmitteln. Von besonderer Bedeutung sind die insoweit zentralen Grundsätze des Trennungs-, Transparenz-/Genehmigungs-, Äquivalenz- und Dokumentationsprinzips. Diese Grundsätze sollten unbedingt bei allen von Seiten der Industrie finanzierten Kooperationsformen bzw. -projekten beachtet werden.

1. Trennungsprinzip

Das Trennungsprinzip erfordert eine klare Trennung zwischen der Zuwendung und etwaigen Umsatzgeschäften.

Nach dem Trennungsprinzip dürfen Zuwendungen an Mitarbeiter medizinischer Einrichtungen nicht in Abhängigkeit von Umsatzgeschäften mit der medizinischen Einrichtung erfolgen. Sie dürfen insbesondere nicht gewährt werden, um in unzulässiger Weise Einfluss auf Beschaffungsentscheidungen zu nehmen. Dieser Grundsatz ist vor allem bei Personen zu beachten, die Beschaffungsentscheidungen zu treffen oder Einfluss auf Beschaffungsentscheidungen haben, von denen auch Produkte des Vertragspartners oder Zuwendungsgebers betroffen sein können. Mitarbeiter in medizinischen Einrichtungen dürfen keine Zuwendungen annehmen, die ausschließlich oder überwiegend privaten Zwecken dienen. Dies gilt spiegelbildlich für die Geberseite, d.h. im Hinblick auf die Gewährung solcher Zuwendungen. Insbesondere dürfen Angehörige von Mitarbeitern in medizinischen Einrichtungen keinerlei Zuwendungen erhalten.

Das Trennungsprinzip setzt das strafrechtliche Postulat um, wonach Zuwendungen an Amtsträger zur Beeinflussung von Beschaffungsentscheidung unzulässig sind. Hierbei darf nicht einmal der Eindruck entstehen, der Mitarbeiter in medizinischen Einrichtungen lege den Vorteil auf die „Waagschale der Entscheidung" bzw. die Zuwendung erfolge im Hinblick darauf.

2. Transparenz-/Genehmigungsprinzip

Das Transparenzprinzip verlangt die Offenlegung von Zuwendungen gegenüber den Verwaltungen oder Leitungen bzw. Trägern medizinischer Einrichtungen, durch die Mitarbeiter medizinischer Einrichtung begünstigt werden bzw. begünstigt werden könnten. Handelt der Mitarbeiter einer medizinischen Einrichtung im Hauptamt (insbesondere zu Forschungszwecken), liegt eine Vertragsbeziehung zwischen dem Unternehmen und der medizinischen Einrichtung zugrunde, die den Leistungsaustausch festschreibt. Handelt der Mitarbeiter im Rahmen seiner Nebentätigkeit, bedarf jegliche Kooperationsform einer Genehmigung, zumindest aber der Kenntnisnahme, durch den Dienstvorgesetzten.

Durch die strikte Einhaltung des Genehmigungsprinzips wird zum einen dienstrechtlichen Anforderungen entsprochen und zum anderen eine strafrechtliche Verfolgung wegen Vorteilsannahme und Vorteilsgewährung (§§ 331, 333 StGB) vermieden. Darüber hinaus kann die tatsächliche und rechtliche Vorprüfung eines Vorgangs durch die genehmigende Stelle den möglichen Eindruck erheblich reduzieren, ein Vorteil sei auf eine pflichtwidrige Diensthandlung im Sinne der Bestechlichkeitsdelikte (§§ 332, 334 StGB) gerichtet.

3. Dokumentationsprinzip

Das Dokumentationsprinzip erfordert, dass alle entgeltlichen oder unentgeltlichen Leistungen an medizinische Einrichtungen oder deren Mitarbeiter schriftlich fixiert werden. Die Einhaltung dieses Prinzips erleichtert es, Kooperationsbeziehungen mit medizinischen Einrichtungen oder deren Mitarbeitern anhand einer vollständigen Dokumentation der zugrundeliegenden Vertragsbeziehungen und der gewährten Leistungen nachzuvollziehen. Die Unterlagen sollten unter Beachtung der zivil- und handelsrechtlichen Fristen und im Hinblick auf die strafrechtlichen Verjährungsfristen aufbewahrt werden.

4. Äquivalenzprinzip
Bei Vertragsbeziehungen zwischen Unternehmen und medizinischen Einrichtungen bzw. deren Mitarbeitern müssen Leistung und Gegenleistung in einem angemessenen Verhältnis zueinander stehen.

Die genannten Prinzipien sollten bei allen nachfolgenden Kooperations- und Unterstützungsformen beachtet werden.

B. Einzelne Kooperationsformen

I. Dienstleistungsbeziehungen

1. Allgemeine Grundsätze
Bei Dienstleistungsbeziehungen mit medizinischen Einrichtungen und deren Mitarbeitern sollten in jedem Fall folgende allgemeine Grundsätze beachtet werden:
1. Dienstleistungsbeziehungen mit medizinischen Einrichtungen oder deren Mitarbeitern dürfen nicht dazu missbraucht werden, Beschaffungsentscheidungen zu beeinflussen.
2. Je nach dem Gegenstand der Dienstleistungsbeziehungen und den dienstrechtlichen Vorschriften ist der Vertrag mit der medizinischen Einrichtung selbst oder mit deren Mitarbeitern zu schließen. Soweit der Vertrag mit der medizinischen Einrichtung selbst abgeschlossen wird, regelt sie die Grundsätze der Kooperation durch Dienstanweisungen. Wird der Vertrag mit dem Arzt/Mitarbeiter geschlossen, hat das jeweilige Unternehmen eine schriftliche Bestätigung des ärztlichen Vertragspartners zu verlangen, dass

dieser seinen Dienstherrn/Arbeitgeber umfassend informiert hat und die im Regelfall erforderliche Genehmigung des Dienstherrn/Arbeitgebers vorliegt. Die Information ist nur umfassend, wenn sie unter Offenlegung derjenigen Tatsachen erfolgt, die für die Beziehung zwischen dem Mitarbeiter und dem Unternehmen von Bedeutung ist. Aus Dokumentationsgründen kann darüber hinaus die Vorlage der entsprechenden schriftlichen Genehmigung des Dienstherrn/Arbeitgebers von dem Vertragspartner verlangt werden. Die Überlassung der schriftlichen Genehmigung sollte im letztgenannten Fall der Industrieseite auf entsprechendes Verlangen nicht verweigert werden.

3. Die vertraglichen Regelungen müssen legitime Interessen der Vertragspartner zum Gegenstand haben. In keinem Fall dürfen Preisnachlässe, Rabatte etc. über den Umweg von außerhalb der Umsatzgeschäfte geschlossenen Kooperationsverträgen gewährt werden. Bei der Auswahl des Vertragspartners dürfen allein dessen fachliche Qualifikationen ausschlaggebend sein.

4. Leistung und Gegenleistung müssen in einem angemessenen Verhältnis zueinander stehen. Dies sollte vor Abschluss der Verträge geprüft und umfassend dokumentiert werden. Dasselbe gilt für die Vertragsabwicklung und die entsprechenden Arbeitsergebnisse.

5. Verträge sind schriftlich abzuschließen. Es sind die Konten (einschließlich Kontoinhaber) anzugeben, über die die Finanzierung erfolgen soll.

6. Die Zahlung der vertraglich vereinbarten Vergütung darf nur dann erfolgen, wenn die geschuldeten Leistungen ordnungsgemäß erbracht worden sind. Dabei ist es möglich, vorab Zahlungen, etwa zum Zwecke einer Vorauszahlung zu Beginn eines Forschungsprojektes, zu leisten, wenn diese Vorauszahlung nach Abschluss des Projektes mit der geschuldeten Gesamtvergütung ordnungsgemäß verrechnet wird.
Die Zahlung der vertraglich vereinbarten Vergütung sollte per Überweisung an das in dem jeweiligen Vertrag angegebene Bankkonto erfolgen.

7. Soweit die medizinischen Einrichtungen oder ihre Träger Vertragspartner sind und diese interne Richtlinien für die Zusammenarbeit mit Unternehmen erlassen haben, sind diese zu beachten. Soweit die Unternehmen eigene Richtlinien erlassen haben, sind auch diese zu beachten.

2. **Typische Dienstleistungsbeziehungen**

Im Hinblick auf die nachfolgenden Dienstleistungsbeziehungen wird im einzelnen die Einhaltung folgender Kriterien und Verfahren empfohlen:

a) **Verträge über klinische Prüfungen/Leistungsbewertungen**
1. Die Durchführung von klinischen Prüfungen/Leistungsbewertungen an medizinischen Einrichtungen unter Inanspruchnahme der personellen und sachlichen Mittel der Einrichtungen geschieht regelmäßig im Rahmen der Dienstaufgaben der Prüfärzte. Daher sollten Verträge über diese Prüfungen vorrangig mit der medizinischen Einrichtung bzw. mit deren Träger selbst unter Einbeziehung des Prüfarztes und ggfls. des Leiters der klinischen Prüfung abgeschlossen werden. Die Vergütung ist in einem solchen Fall auf ein von der medizinischen Einrichtung angegebenes Konto der Einrichtung zu überweisen, das von der medizinischen Einrichtung (Verwaltung) oder deren Träger selbst verwaltet und überwacht wird.
2. In Abstimmung mit der medizinischen Einrichtung kann der Vertrag über die Durchführung der klinischen Prüfung auch mit dem Prüfarzt selbst abgeschlossen werden, soweit die dienst-rechtlichen Bestimmungen dies zulassen (Durchführung der klinischen Prüfung im Rahmen einer Nebentätigkeit). Die schriftliche Genehmigung des Dienstherrn/Arbeitgebers (Nebentätigkeitsgenehmigung) zur Durchführung des Vertrages über eine klinische Prüfung ist von dem Prüfarzt einzuholen.
3. In der Vereinbarung sollte angegeben werden, dass sämtliche prüfbedingte Leistungen durch die Vergütung für die klinische Prüfung abgegolten sind. Prüfbedingte Leistungen sind die im Prüfplan als solche beschriebenen Leistungen des Prüfarztes sowie ggfls. der medizinischen Einrichtung (z. B. die Inanspruchnahme von Geräten oder Personal). Prüfbedingte Leistungen sind auch die für die Prüfung erforderlichen diagnostischen Maßnahmen. Soweit bei der Durchführung klinischer Prüfungen Einrichtungen und Personal der medizinischen Einrichtung prüfbedingt im Rahmen einer Nebentätigkeit in Anspruch genommen werden, liegt die etwaige Abführung eines Nutzungsentgelts an die medizinische Einrichtung im Verantwortungsbereich des Prüfarztes, worauf in der Vereinbarung hingewiesen werden sollte.
4. Soweit mit einzelnen Ärzten oder Mitarbeitern, insbesondere mit dem Leiter der klinischen Prüfung, Vereinbarungen für zusätzliche Leistungen, die über die Durchführung der klinischen Prüfung selbst hinausgehen (etwa

Koordination von Prüfzentren durch den Leiter der klinischen Prüfung), getroffen werden, gelten für diese die unter c) nachstehend gegebenen Empfehlungen für wissenschaftliche Dienstleistungs-/Beraterverträge.

b) Verträge über Anwendungsbeobachtungen

1. Verträge über Anwendungsbeobachtungen können mit der medizinischen Einrichtung oder mit deren Mitarbeitern abgeschlossen werden. Wird der Vertrag mit der medizinischen Einrichtung abgeschlossen, ist die Vergütung auf ein von der medizinischen Einrichtung genanntes Konto der Einrichtung zu überweisen, das von der medizinischen Einrichtung (Verwaltung) oder deren Träger selbst verwaltet oder überwacht wird.
2. In Abstimmung mit der medizinischen Einrichtung kann die Vereinbarung auch mit einem Beschäftigen der medizinischen Einrichtung selbst im Rahmen einer Nebentätigkeit abgeschlossen werden, soweit die dienstrechtlichen Bestimmungen dies zulassen. In diesem Fall ist ebenfalls die schriftliche Genehmigung des Dienstherrn/Arbeitgebers (Nebentätigkeitsgenehmigung) einzuholen.
3. Bei Verträgen über Anwendungsbeobachtungen ist insbesondere darauf zu achten, dass die vereinbarten Vergütungen einen angemessenen Umfang nicht überschreiten und den erbrachten Leistungen entsprechen.

c) Sonstige Forschungs-, wissenschaftliche Dienst- und Beratungsleistungen

1. Verträge über sonstige Forschungsprojekte und Beratungsleistungen, die unter Inanspruchnahme von personellen und sachlichen Mitteln der medizinischen Einrichtung erfolgen, sollten vorrangig mit der medizinischen Einrichtung bzw. mit deren Träger selbst abgeschlossen werden. Die Vergütung ist auch hier auf ein Konto der medizinischen Einrichtung als dem vertraglichen Leistungserbringer zu überweisen, das von der medizinischen Einrichtung (Verwaltung) oder deren Träger selbst verwaltet und überwacht wird.
2. In Abstimmung mit der medizinischen Einrichtung kann der Vertrag über sonstige Forschungs- und Beratungsleistungen, die unter Inanspruchnahme von personellen und sachlichen Mitteln der medizinischen Einrichtung erfolgen, auch mit deren Mitarbeitern selbst als Vertragspartner abgeschlossen werden, soweit die dienstrechtlichen Bestimmungen dies

zulassen. Die Nebentätigkeitsgenehmigung des Dienstherrn/Arbeitgebers zur Durchführung solcher Leistungen ist von dem Mitarbeiter der medizinischen Einrichtung einzuholen.
3. Soweit die Durchführung sonstiger Forschungs- und Beratungsleistungen die Inanspruchnahme von personellen und sachlichen Mitteln der medizinischen Einrichtung nicht erfordert, sind Verträge mit Mitarbeitern medizinischer Einrichtungen dann möglich, wenn dies die dienstrechtlichen Bestimmungen zulassen. Auch hier ist die medizinische Einrichtung von dem Mitarbeiter umfassend zu informieren und eine im Rahmen der dienstrechtlichen Bestimmungen gegebenenfalls erforderliche Nebentätigkeitsgenehmigung des Dienstherrn/Arbeitgebers einzuholen.

d) Sponsorverträge

Unter Sponsorverträgen werden Vereinbarungen verstanden, bei denen Unternehmen für die Zahlung von Sponsorbeiträgen von den Veranstaltern wissenschaftlicher Tagungen, Kongressen oder Fachmessen imagefördernde Werbeaktivitäten eingeräumt werden. In vielen Fällen werden Unternehmen auf die Möglichkeit des Abschlusses von Sponsorverträgen durch Hinweise und Einladungen von Mitarbeitern medizinischer Einrichtungen aufmerksam gemacht. Dabei handelt der Mitarbeiter der medizinischen Einrichtung oftmals in seiner Eigenschaft als Mitglied einer Fachgesellschaft oder anderer wissenschaftlicher Organisationen, oftmals aber auch als Repräsentant seiner medizinischen Einrichtung selbst. Sofern einschlägig, ist die Regelung des § 35 MBO-Ä zu beachten.

Hierbei sollten folgende Hinweise beachtet werden:
1. Der Sponsorvertrag (auch in Form eines Vertrages über die Anmietung eines Ausstellungsstandes) wird zwischen dem Unternehmen (Sponsor) und dem Veranstalter abgeschlossen: Sofern Veranstaltungen von medizinischen Einrichtungen oder unter Verwendung von Sachmitteln und Personal medizinischer Einrichtungen durchgeführt werden, sollte der Sponsorvertrag vorrangig mit den medizinischen Einrichtungen selbst abgeschlossen werden (und nicht mit dem Arzt, der diese Veranstaltung für die medizinischen Einrichtungen organisiert). Wird die Veranstaltung von unabhängigen Organisationen (etwa von medizinischen Fachgesellschaften) veranstaltet, sollten die Sponsorverträge vorrangig mit diesen Organisa-

tionen abgeschlossen werden (und nicht mit dem Arzt, der die Veranstaltung für diese Organisationen organisiert). Zahlungen sollen nur auf das Konto des Veranstalters erfolgen.
2. Die Vergütung sowie die hierfür gewährten werbewirksamen oder imagefördernden Werbeaktivitäten müssen in einem angemessenen Verhältnis zueinander stehen.

II. Andere Formen der Zusammenarbeit

1. Allgemeine Grundsätze

Die medizinische Industrie hat im Hinblick auf die sichere Anwendung ihrer Produkte durch ärztliche Anwender, aber auch im Hinblick auf deren Fort- und Weiterbildung ein erhebliches Interesse daran, die Teilnahme von Anwendern und medizinischem Fachpersonal an Fort- und Weiterbildungsveranstaltungen zu unterstützen. Nur hierdurch kann der erforderliche Kenntnisstand erworben bzw. beibehalten und die sachgerechte Anwendung von medizinischen Produkten im Sinne einer optimalen Patientenversorgung gesichert werden. Darüber hinaus unterstützt die medizinische Industrie regelmäßig die medizinische Wissenschaft und Forschung, aber auch Einrichtungen des Gesundheitswesens, durch Spenden und andere Leistungen, um hierdurch zur Weiterentwicklung von Wissenschaft und Forschung beizutragen.

Derartige Unterstützungsleistungen sind zur Wahrung sowie zum weiteren Ausbau des Forschungs- und Wissenschaftsstandorts Deutschland unbedingt notwendig und politisch gewollt. Die derzeitigen Unsicherheiten im Hinblick auf die Zusammenarbeit zwischen Industrie, medizinischen Einrichtungen und deren Mitarbeitern dürfen nicht zu einer Gefährdung dieser unverzichtbaren Unterstützungsmaßnahmen der Industrie führen.

Gleichzeitig bergen einseitige Unterstützungsleistungen im besonderen Maße die Gefahr, unter strafrechtlichen Gesichtspunkten als unzulässige Einflussnahme auf die Beschaffungsentscheidungen von Mitarbeitern medizinischer Einrichtungen gewertet zu werden. Um dies oder auch nur den Eindruck dessen zu vermeiden, sollten grundsätzlich bei sämtlichen ein-

seitigen Unterstützungsformen folgende Gesichtspunkte bedacht werden:
1. Preisnachlässe, Rabatte und dergleichen haben offen zu erfolgen und dürfen nicht über den Umweg der nachfolgend aufgeführten Unterstützungsleistungen (etwa Spenden an medizinische Einrichtungen oder gemeinnützige Organisationen) gewährt werden.
2. Ggfls. bestehende Genehmigungserfordernisse durch die Träger, Verwaltungen, Vorstände medizinischer Einrichtungen oder durch die Dienstherren der Mitarbeiter medizinischer Einrichtungen sind strikt zu beachten. Angesichts der besonderen strafrechtlichen Risiken, die mit der Annahme/Gewährung der nachfolgenden Leistungen verbunden sind, sollte eine Gewährung der nachfolgenden Leistungen nicht ohne vorherige Vorlage entsprechender schriftlicher Genehmigungen erfolgen.

2. Typische Formen der Zusammenarbeit

a) Teilnahme an Kongressen, Informationsveranstaltungen, Betriebsbesichtigungen etc.
Die Teilnahme von Mitarbeitern medizinischer Einrichtungen an Symposien, Konferenzen, Kongressen, Fortbildungs-, Informationsveranstaltungen, Betriebsbesichtigungen etc. dient dem wissenschaftlichen Erfahrungsaustausch, der Vermittlung und Verbreitung von Forschungsergebnissen und damit der Fortentwicklung medizinischer und pflegerischer Standards zum Wohle aller Patienten. Konflikte mit den Korruptionsbekämpfungsgesetzen können jedoch entstehen, wenn hiermit entweder eine unzulässige Verknüpfung mit sonstigen Diensthandlungen erfolgt oder auch nur der Eindruck entsteht, dass der Teilnehmer den aus der Unterstützung der Veranstaltungsteilnahme resultierenden Vorteil „auf die Waagschale seiner künftigen innerbetrieblichen Beschaffungsentscheidungen legt bzw. gelegt hat". Zur Vermeidung derartiger Konflikte ist eine klare Trennung zwischen der Veranstaltungsteilnahme einerseits und etwaigen Umsatzgeschäften andererseits erforderlich (Trennungsprinzip).

Sofern die für die Veranstaltungsteilnahme bereit gestellten Mittel der medizinischen Einrichtung auf der Grundlage einer entsprechenden Vereinbarung mit der medizinischen Einrichtung zur Verfügung gestellt werden, nehmen deren Mitarbeiter an diesen Veranstaltungen im Rahmen ihrer Dienstaufgaben teil. Sofern eine entsprechende Vereinbarung mit der medizinischen Einrichtung selbst nicht vorliegt, sollten die Dienstherren, Krankenhausverwaltungen bzw. Krankenhausträger über Art und Inhalt der Veranstaltung informiert sein und die Teilnahme genehmigt haben (Genehmigungsprinzip). Bloße Dienstreisegenehmigungen oder die Erteilung von Sonderurlaub reichen hierfür im Regelfall nicht aus, da diese Genehmigungen lediglich das Fernbleiben vom Dienst, nicht jedoch die Annahme eines geldwerten Vorteils betreffen. Nur wenn bei Beantragung von Urlaubs- und Dienstreisen diejenigen Tatsachen unterbreitet werden, die für die Beziehung zwischen Arzt/Mitarbeiter und Unternehmen bedeutsam sind (einschließlich der Funktionen bei der Beschaffung von Produkten sowie Einzelheiten der beabsichtigten Unterstützungsleistungen), kann in der einschränkungslosen Genehmigung des (Sonder-) Urlaubs oder der Dienstreisen zugleich auch eine Genehmigung im Hinblick auf die Annahme der Unterstützung gesehen werden, die in den Fällen der Vorteilsannahme/-gewährung strafausschließende Wirkung hat. Eine Genehmigungsfähigkeit scheidet aus, wenn auch nur der „Anschein der Käuflichkeit" von Diensthandlungen besteht.

Für den Fall, dass keine Vereinbarung zwischen dem Unternehmen und der medizinischen Einrichtung über die Veranstaltungsteilnahme vorliegt, setzt die Genehmigung voraus, dass alle Zuwendungen, durch die entweder der Mitarbeiter der medizinischen Einrichtung unmittelbar oder die medizinische Einrichtung selbst mittelbar begünstigt werden bzw. begünstigt werden könnten, offengelegt werden (Transparenzprinzip). Bei der Genehmigung hat der Dienstherr Kenntnisse über die Funktion des Mitarbeiters im Rahmen von Beschaffungsentscheidungen zu berücksichtigen. Durch die Beachtung dieser Grundsätze wird der Eindruck unzulässiger Einflussnahme auf die entsprechenden Entscheidungsträger vermieden und gleichzeitig dienstrechtlichen Anforderungen entsprochen (vgl. §§ 42, 43 BRRG; §§ 65, 70 BBG; §§ 10, 11 BAT). Zudem scheidet eine strafrechtliche Verfolgung gemäß § 331 StGB (Vorteilsannahme) aus, wenn eine wirksame Genehmigung vorliegt.

Weiterhin sollten der medizinischen Einrichtung bzw. der für die Genehmigung zuständigen Institution (Dienstherr) alle maßgeblichen Informationen über die drittfinanzierte Veranstaltung in schriftlicher Form vorliegen (Dokumentationsprinzip). Durch Vorlage dieser schriftlichen Dokumentationsunterlagen können auch noch lange Zeit nach Durchführung der Veranstaltung etwaige Verdachtsmomente gegenüber Ermittlungsbehörden ausgeräumt werden.

Die Einhaltung dieser Grundsatze sowie der nachfolgenden Hinweise trägt nach Auffassung der diesen Gemeinsamen Standpunkt tragenden Verbände erheblich zu einer strafrechtlichen Risikominimierung bei. Da einzelne Staatsanwaltschaften und Gerichte derzeit bereits die bloße Unterstützung der Teilnahme an den o. g. Veranstaltungen (auch bei Einhaltung der nachfolgenden Hinweise) als unzulässige Einflussnahme auf Beschaffungsentscheidungen im Sinne der Bestechungsdelikte interpretieren, bei denen eine Genehmigung durch den Dienstherrn ohne Relevanz ist, ist ein völliger Risikoausschluss nicht möglich.

Die den Gemeinsamen Standpunkt tragenden Verbände weisen gleichzeitig ausdrücklich darauf hin, dass sie den unmittelbaren Schluss einzelner Staatsanwaltschaften und Gerichte von der Gewährung/Annahme einer derartigen Unterstützung auf das Vorliegen einer pflichtwidrigen Diensthandlung und damit eines Bestechungsdelikts für verfehlt halten. Vielmehr müssen insoweit zusätzliche Anhaltspunkte dafür vorliegen, dass die Unbefangenheit der Ermessensentscheidung durch den Vorteil beeinflusst ist und der Amtsträger seine Beschaffungsentscheidungen aufgrund sachfremder Entscheidungen trifft bzw. sich hierzu bereit erklärt. Darüber hinaus ergibt sich die Legitimität der Unterstützung der Teilnahme von Beschäftigten medizinischer Einrichtungen an Kongress- und Informationsveranstaltungen sowie an Betriebsbesichtigungen auch aus dem Arzneimittel- und Medizinprodukterecht, welches einen Informationsaustausch (Risikoerfassung) zwischen Unternehmen und Ärzten in vielen Bereichen vorsieht. Deutschland würde sich auf dem Gebiet der medizinischen Forschung sowie im Hinblick auf den Austausch entsprechender wissenschaftlicher Erkenntnisse isolieren, wenn deutsche Ärzte aufgrund fehlender finanzieller Möglichkeiten der medizinischen Einrichtungen zukünftig an derartigen Veranstaltungen nicht mehr teilnehmen könnten. Dies kann weder im Interesse der Forschungs- und Gesundheitspolitik liegen noch wirtschaftspolitisch gewollt sein.

Die den Gemeinsamen Standpunkt tragenden Verbände appellieren daher an die Bundes- und Landesgesetzgeber, durch geeignete Rechtsetzungsmaßnahmen entsprechende Klarstellungen im Sinne der Fortführung dieser Zusammenarbeit herbeizuführen.

Angesichts des bisherigen Fehlens dieser Klarstellungen kommt es nach Ansicht der den Gemeinsamen Standpunkt tragenden Verbande für diejenigen Unternehmen, medizinischen Einrichtungen und deren Mitarbeiter, die die entsprechenden Unterstützungsleistungen ungeachtet der entstandenen rechtlichen Unsicherheiten fortgeführt wissen wollen, in besonderem Maße auf eine strikte Einhaltung der hier beschriebenen Grundsätze und Hinweise an.

1. Nimmt ein Mitarbeiter medizinischer Einrichtungen an derartigen Veranstaltungen (z.B. wissenschaftlichen Tagungen, Kongressen, Fort- und Weiterbildungen sowie Betriebsbesichtigungen) teil, ohne hierbei im Auftrag des Unternehmens etwa ein Referat oder eine Präsentation zu halten, eine Veranstaltung zu moderieren oder eine andere Leistung zu erbringen, können von Seiten der Industrie folgende Kosten erstattet werden:
   - Angemessene Hin- und Rückreisekosten zum/vom Veranstaltungsort,
   - Übernachtungskosten,
   - Kongressgebühren,
   - Kosten für Bewirtungen, soweit sie einen angemessenen Rahmen nicht überschreiten und von untergeordneter Bedeutung bleiben.
2. Kosten für Unterhaltung (z. B. Theater, Konzertbesuche, Rundflüge, Sportveranstaltungen, Besuch von Freizeitparks) dürfen von den Unternehmen nicht erstattet werden. Ein Verbleiben auf Kosten des Unternehmens über den für die Veranstaltung notwendigen Zeitraum hinaus darf nicht erfolgen. Die Annahme/Gewährung von sonstigen Belohnungen, Geschenken und geldwerten Vorteilen mit privatem Charakter (z. B. Kosten für Begleitpersonen) darf ebenfalls nicht erfolgen.

3. Nehmen Mitarbeiter an derartigen Veranstaltungen im Rahmen ihrer Dienstaufgaben teil, so wird in der Regel die Zuwendungsvereinbarung zwischen der Verwaltung und dem zuwendenden Unternehmen geschlossen. Wird die Vereinbarung über die Teilnahme an der Veranstaltung in diesen Fällen mit dem Mitarbeiter der medizinischen Einrichtung direkt geschlossen, sind die Einzelheiten der Teilnahme (Dauer der Veranstaltung und Höhe der übernommenen Kosten) dem Dienstherrn/Arbeitgeber offenzulegen und von diesem die Genehmigung zur Teilnahme an der Veranstaltung einzuholen. Sofern medizinische Einrichtungen spezielle Stellen zur Einwerbung bzw. Bewirtschaftung der genannten Leistungen eingerichtet haben, sollte die Abwicklung in Zusammenarbeit mit diesen Stellen erfolgen.
4. Es ist darauf zu achten, dass derartige Veranstaltungen der Vermittlung und Verbreitung von berufsbezogenem Wissen und praktischen Erfahrungen dienen. Die wissenschaftliche Information und die Weitergabe von zur Berufsausübung des Arztes erforderlichen Fachkenntnissen in Diagnostik und Therapie müssen im Vordergrund stehen. Dabei sollte nur die Teilnahme unterstützt werden, bei der sowohl ein Bezug zum Tätigkeitsgebiet des Unternehmens als auch zum Tätigkeitsgebiet des Veranstaltungsteilnehmers vorliegt. Die Annahme von Unterstützungsleistungen setzt zudem eine Verpflichtung zur Teilnahme an den entsprechenden Veranstaltungen voraus.
5. Werden im Rahmen solcher Veranstaltungen im Auftrag von Unternehmen Vorträge gehalten oder andere Leistungen erbracht, gelten die Regeln des Abschnittes „Sonstige Forschungs-, wissenschaftliche Dienst- und Beratungsleistungen" (B.L2.c)). In diesem Fall sollte die Zahlung eines Honorars bzw. die Übernahme der entsprechenden Aufwendungen auf der Grundlage der vertraglichen Vereinbarung erfolgen.

b) Spenden

Spenden sind Ausgaben zur Förderung mildtätiger, kirchlicher, religiöser, wissenschaftlicher und von als besonders förderungswürdig anerkannter gemeinnütziger Zwecke. Spenden an medizinisch-wissenschaftliche Einrichtungen und Organisationen fördern den wissenschaftlichen Fortschritt und das Gesundheitswesen und sind zugleich Ausdruck der Verantwortung des einzelnen Unternehmens sowie der medizinischen Industrie gegenüber der Gesellschaft.

Vor dem Hintergrund der sog. „Drittvorteilsproblematik" ist auch die Gewährung von Spenden (etwa zur Unterstützung von Forschung und Lehre, zur Verbesserung der Gesundheits- bzw. Patientenversorgung, zur Aus- und Weiterbildung bzw. für mildtätige Zwecke) an medizinische Einrichtungen bzw. an unabhängige Organisationen nicht unproblematisch. Auch hier ist grundsätzlich zu beachten, dass Spenden unabhängig von Umsatzgeschäften erfolgen und nicht zur Beeinflussung von Beschaffungsentscheidungen eingesetzt werden (Trennungsprinzip).

Um bereits den Eindruck zu vermeiden, Spenden dienten den individuellen persönlichen Interessen von Mitarbeitern medizinischer Einrichtungen, sollte darauf geachtet werden, dass Spenden nur auf offizielle Spenden- oder Drittmittelkonten medizinischer Einrichtungen oder unabhängiger Organisationen (z. B. wissenschaftliche Fachgesellschaften etc.) erfolgen, die in der Verfügungsgewalt oder unter Aufsicht der Verwaltungen der medizinischen Einrichtungen oder der Vorstände der unabhängigen Organisationen stehen. Im Hinblick auf Spenden an medizinische Einrichtungen wird dies regelmäßig durch die Einbeziehung der Krankenhaus-/Universitätsverwaltungen sowie ggfls. auch durch Einbeziehung der Träger der medizinischen Einrichtungen gewährleistet.

Bei Vergabe von Geld- und Sachspenden sind folgende Grundsätze zu beachten:
1. Spenden dürfen ausschließlich an anerkannte gemeinnützige Einrichtungen (z. B. auch Fachgesellschaften) und nicht an natürliche Personen erfolgen. Sie dürfen nur solchen Einrichtungen oder Organisationen gewährt werden, die eine Spendenbescheinigung im Sinne des Steuerrechts ausstellen können. Spenden an natürliche Personen sind daher unzulässig.
2. Die Gewährung von Spenden an medizinische Einrichtungen oder andere Organisationen darf nur zum Zwecke von Forschung und Lehre, zur Verbesserung der Gesundheits- oder Patientenversorgung, zu Aus- und Weiterbildungszwecken oder für mildtätige Zwecke erfolgen.
3. Geld- oder Sachspenden dürfen nicht zur Beeinflussung von Beschaffungsentscheidungen oder unter Umsatzgesichtspunkten vergeben werden.
4. Geldspenden dürfen nur auf Spenden- bzw. Drittmittelkonten medizinischer Einrichtungen oder anderer Organisationen erfolgen. Sachspenden

müssen in die Verfügungsgewalt der Verwaltung der medizinischen Einrichtungen übergehen.
5. Sofern Spenden nicht medizinischen Einrichtungen, sondern unabhängigen Organisationen, Fachgesellschaften oder Fördervereinen gewährt werden und sofern Mitarbeiter medizinischer Einrichtungen bei der Einwerbung mitwirken, mit denen das spendende Unternehmen in Geschäftsbeziehungen steht, ist aus Gründen einer möglichst weitreichenden Risikominimierung unter dem Gesichtspunkt des sog. „Drittvorteils" bzw. zu Dokumentationszwecken zumindest die Information des Dienstherrn/Arbeitgebers zu empfehlen.

C. Bewirtungen und Geschenke

Mitarbeitern medizinischer Einrichtungen ist die Annahme von Geschenken ohne Zustimmung ihres Dienstherrn grundsätzlich untersagt, sofern es sich nicht um „sozialadäquate" Zuwendungen handelt. Dasselbe gilt dem Grundsatz nach für Bewirtungen.

Im einzelnen sollte hierbei folgendes beachtet werden:

I. Geschenke
1. Geschenke sind zulässig, wenn sie Werbegeschenke darstellen und von geringem Wert sind (§ 7 HWG).
2. Darüber hinaus sind persönliche Geschenke ausnahmsweise zu besonderen Anlässen (z. B. zu Dienstjubiläen, runden Geburtstagen sowie zu Habilitationen oder zur Ernennung zum Chefarzt) strafrechtlich nicht zu beanstanden, wenn sie sich in einem „sozialadäquaten" Rahmen halten.
In Zweifelsfällen sollten die Dienstherren/Arbeitgeber einbezogen werden.
3. Sog. „Sozialspenden", d.h. finanzielle Unterstützungen für Dienstjubiläums-Veranstaltungen, Betriebsausflüge, Weihnachts- und Geburtstagsfeiern etc. dürfen nicht gewährt werden.
4. Es sollte auch darauf geachtet werden, dass medizinische Fachbücher bzw. Abonnements medizinischer Fachzeitschriften nicht von Mitarbeitern als persönliche Geschenke entgegengenommen werden, da diese regelmäßig

einen Wert haben, der den Rahmen eines „sozialadäquaten" Geschenks übersteigt. Möglich ist insofern die Gewährung als Sachspende an die jeweilige medizinische Einrichtung (s. den Abschnitt „Spenden").

II. Bewirtungen

Die private Bewirtung von Mitarbeitern medizinischer Einrichtungen ist unzulässig. Eine Bewirtung ist nur im Rahmen von Veranstaltungen oder Arbeitsessen und nur in einem angemessenen und sozialadäquaten Umfang zulässig.

Im Hinblick auf Bewirtungen gelten die für Geschenke genannten Grundsätze entsprechend:

1. Bewirtungen dürfen nur dann gewährt werden, wenn deren Wert einen „sozialadäquaten" Rahmen nicht übersteigt.
2. In Zweifelsfällen sollten die Dienstherren/Arbeitgeber einbezogen werden.
3. Bei einem Arbeitsessen ist der dienstliche Anlass zu dokumentieren.

Die den Gemeinsamen Standpunkt tragenden Verbände weisen darauf hin, dass die hier gegebenen Hinweise und Empfehlungen aufgrund der bislang nicht gefestigten Rechtsprechung und einer Fülle von Abgrenzungsproblemen eine rechtliche Beratung im Einzelfall nicht ersetzen können. Mit ihnen sind ferner keine Bewertungen in steuerlicher Hinsicht verbunden. Die Hinweise und Empfehlungen der den Gemeinsamen Standpunkt tragenden Verbände entbinden wegen ihres allgemeinen Charakters die Unternehmen, die medizinischen Einrichtungen und ihre Beschäftigten insbesondere nicht, anhand des jeweiligen Einzelfalls zu prüfen, ob die geplante Kooperationsform mit den gesetzlichen Anforderungen und der hierzu ergangenen aktuellen Rechtsprechung im Einklang steht.

ANHANG 4

Verhaltensempfehlungen für die Zusammenarbeit der pharmazeutischen Industrie mit Ärzten (Verhaltensempfehlungen BAH, BPI, VFA)
herausgegeben am 27. Mai 2003 von den Verbänden:

Bundesverband der Arzneimittel-Hersteller e.V. (BAH)
Bundesverband der Pharmazeutischen Industrie e.V. (BPI)
Verband Forschender Arzneimittelhersteller e.V. (VFA)

Einleitung

Die Gesundheit ist das höchste Gut des Menschen. Arzneimittel tragen ganz wesentlich zur Gesundheit und zum Wohlbefinden bei. Die Erforschung, Entwicklung, Herstellung und der Vertrieb von Arzneimitteln stellen an die Unternehmen der pharmazeutischen Industrie hohe Anforderungen. Der Patient steht dabei im Mittelpunkt der Bemühungen, durch wirksame Arzneimittel Krankheiten vorzubeugen, diese zu heilen oder deren Folgen zu lindern. Das vertrauensvolle Verhältnis zwischen Arzt und Patient ist die Basis jeder Therapie. Die Therapieentscheidung liegt in der alleinigen Verantwortung der Ärzteschaft. Die pharmazeutische Industrie sieht es als ihre Aufgabe, durch wissenschaftliche Informationen über Arzneimittel das Wissen zu vermitteln, das für eine sachgerechte Arzneimittelauswahl erforderlich ist. Darüber hinaus ist sowohl die Erforschung als auch die Entwicklung wirksamer Arzneimittel ohne eine enge fachliche Zusammenarbeit mit Ärzten nicht vorstellbar. Dabei gilt für die pharmazeutische Industrie der Grundsatz, dass sich alle Maßnahmen bei der Vermittlung von Informationen und der Zusammenarbeit mit Ärzten in einem angemessenen Rahmen und in den Grenzen der geltenden Gesetze zu halten haben. Hierbei markieren die Grundsätze der Trennung, der Transparenz, der Dokumentation und bei gegenseitigen Leistungen zudem der Äquivalenz, wie sie im „Gemeinsamen Standpunkt" der Verbände (Gemeinsamer Standpunkt der Verbände zur strafrechtlichen Bewertung der Zusammenarbeit zwischen Industrie, medizinischen Einrichtungen und deren Mitarbeitern) für den Klinikbereich niedergelegt sind, auch wertvolle Orientierungspunkte für die Zusammenarbeit der pharmazeutischen Industrie mit Ärzten im niedergelassenen Bereich. Mit dem Ziel, ein diesen Grundsätzen entsprechendes Verhalten zu fördern und zu einem lauteren Wettbewerb bei der Zusammenarbeit mit den Ärzten beizutragen, haben der Bundesverband der Arzneimittel- Hersteller (BAH), der Bundesverband der Pharmazeutischen Industrie (BPI) und der Verband Forschender Arzneimittelhersteller (VFA) die nachstehenden Verhaltensempfehlungen für die Zusammenarbeit der pharmazeutischen Industrie mit Ärzten herausgegeben. Hierdurch wollen die beteiligten Verbände ihren Mitgliedsunternehmen konkrete Hinweise geben, die die Einhaltung der bestehenden rechtlichen Rahmenbedingungen erleichtern und eine lautere Zusammenarbeit fördern sollen.

1. Abschnitt: Anwendungsbereich und Veröffentlichung

1. Anwendungsbereich und Veröffentlichung

1.1 Die Verhaltensempfehlungen finden Anwendung auf die Zusammenarbeit von Unternehmen der pharmazeutischen Industrie mit in Deutschland tätigen Ärzten im Bereich von Forschung, Entwicklung, Herstellung und Vertrieb von Arzneimitteln.

1.2 Die Verhaltensempfehlungen werden von den beteiligten Verbänden unter anderem im Internet veröffentlicht.

2. Abschnitt: Zusammenarbeit mit Ärzten

2. Grundsätze

2.1 Bei der Zusammenarbeit mit Ärzten sind die geltenden Gesetze, insbesondere die Vorschriften des Arzneimittelgesetzes (AMG), des Heilmittelwerbegesetzes (HWG) und des Strafgesetzbuches (StGB), die allgemein anerkannten Grundsätze des ärztlichen Berufsrechts sowie die hierauf beruhenden Verhaltensempfehlungen der beteiligten Verbände der pharmazeutischen Industrie zu beachten.

2.2 Für die Zusammenarbeit mit Ärzten ist das Unternehmen auch dann verantwortlich, wenn es andere (z. B. Werbeagenturen, Marktforschungsunternehmen) damit beauftragt, sie zu gestalten oder durchzuführen.

3. Verbot unlauterer Vorteile

3.1 Die Ärzte dürfen in ihren Therapie-, Verordnungs- und Beschaffungsentscheidungen nicht in unlauterer Weise beeinflusst werden. Es ist daher verboten, ihnen oder einem Dritten unlautere Vorteile anzubieten, zu versprechen oder zu gewähren. Insbesondere dürfen die nachfolgend im Einzelnen beschriebenen möglichen Formen der Zusammenarbeit nicht in unlauterer Weise dazu missbraucht werden, die Freiheit der Ärzte in ihren Therapie-, Verordnungs- und Beschaffungsentscheidungen zu beeinflussen.

3.2 Unlauter sind insbesondere Vorteile, die unter Verstoß gegen das Heilmittelwerbegesetz, das Gesetz gegen den unlauteren Wettbewerb (UWG), das Strafgesetzbuch oder die allgemein anerkannten Grundsätze des ärztlichen Berufsrechts gewährt werden.

4. Vertragliche Zusammenarbeit mit Ärzten

4.1 Leistungen von Ärzten für Unternehmen (z. B. für Vortragstätigkeit, Beratung, klinische Prüfungen, Anwendungsbeobachtungen) dürfen nur auf Grundlage eines schriftlichen Vertrages erbracht werden, aus dem sich Leistung und Gegenleistung eindeutig ergeben.

4.2 Bei der durch den jeweiligen Arzt zu erbringenden vertraglichen Leistung muss es sich um eine wissenschaftliche oder fachliche Tätigkeit für das Unternehmen handeln (Verbot von „Scheinverträgen").

4.3 Die Vergütung darf nur in Geld bestehen und muss zu der erbrachten Leistung in einem angemessen Verhältnis stehen. Bei der Beurteilung der Angemessenheit kann unter anderem die Gebührenordnung für Ärzte einen Anhaltspunkt bieten. Dabei können auch angemessene Stundensätze vereinbart werden, um den Zeitaufwand zu berücksichtigen.

4.4 Den Ärzten können zudem die in Erfüllung der ihnen obliegenden vertraglichen Leistungen entstehenden angemessenen Auslagen und Spesen erstattet werden.

4.5 Den Ärzten oder Dritten darf kein Entgelt dafür gewährt werden, dass die Ärzte bereit sind, Pharmaberater zu empfangen oder von anderen Unternehmensangehörigen Informationen entgegen zu nehmen.
4.6 Es ist unzulässig, Ärzten oder Dritten für die Verordnung und die Anwendung eines Arzneimittels oder die Empfehlung eines Arzneimittels gegenüber dem Patienten ein Entgelt oder einen sonstigen geldwerten Vorteil anzubieten, zu gewähren oder zu versprechen.

5. Anwendungsbeobachtungen

5.1 Anwendungsbeobachtungen sind wissenschaftliche Untersuchungen nach der Zulassung oder Registrierung eines Arzneimittels, die der Gewinnung neuer Erkenntnisse über die Anwendung eines Arzneimittels und dessen Wirksamkeit und Verträglichkeit in der Praxis dienen.
5.2 Bei Anwendungsbeobachtungen gilt im Hinblick auf die therapeutischen und diagnostischen Maßnahmen der Grundsatz der Nichtintervention.
5.3 Bei der Planung, Gestaltung und Durchführung von Anwendungsbeobachtungen sollten die durch das Bundesinstitut für Arzneimittel und Medizinprodukte (BfArM) veröffentlichten Empfehlungen und Leitlinien beachtet werden. Dabei sind insbesondere die ausgefüllten Beobachtungsbögen fachlich auszuwerten und die Durchführung der Anwendungsbeobachtungen einer geeigneten Qualitätssicherung zu unterziehen.
5.4 Das Unternehmen sollte auch die geplante Zahl der Patienten sowie die Höhe der Vergütung pro Beobachtungsbogen in Unterlagen begründen und dokumentieren.
5.5 Hinsichtlich der Höhe der Vergütung für die Durchführung einer Anwendungsbeobachtung gilt Nr. 4.3 mit der Maßgabe, dass die Vergütung so zu bemessen ist, dass dadurch kein Anreiz zur Verordnung eines Arzneimittels entsteht.

6. Einladung zu berufsbezogenen wissenschaftlichen Fortbildungsveranstaltungen

6.1 Unternehmen der pharmazeutischen Industrie dürfen Ärzte zu eigenen berufsbezogenen Fortbildungsveranstaltungen einladen, die sich insbesondere mit ihren Forschungsgebieten, Arzneimitteln und deren Indikationen befassen (interne Fortbildungsveranstaltungen).

6.2 Für die Eingeladenen dürfen angemessene Reise- und notwendige Übernachtungskosten nur dann übernommen werden, sofern der berufsbezogene wissenschaftliche Charakter der internen Fortbildungsveranstaltung eindeutig im Vordergrund steht. Im Rahmen solcher Fortbildungsveranstaltungen ist auch eine angemessene Bewirtung der Teilnehmer möglich. Kosten für die Unterhaltung (z. B. Theater, Konzert, Sportveranstaltungen) der Teilnehmer dürfen nicht übernommen werden. Die Anwesenheit der Teilnehmer sowie das durchgeführte Programm der Veranstaltung sollte dokumentiert werden.

6.3 Unterbringung und Bewirtung dürfen einen vertretbaren Rahmen nicht überschreiten und müssen insbesondere in Bezug auf den berufsbezogenen wissenschaftlichen Zweck der internen Veranstaltung von untergeordneter Bedeutung sein. Die Auswahl des Tagungsortes und der Tagungsstätte für interne Fortbildungsveranstaltungen hat allein nach sachlichen Gesichtspunkten zu erfolgen. Ein solcher Grund ist beispielsweise nicht der Freizeitwert des Tagungsortes.

6.4 Die Einladung von Ärzten zu berufsbezogenen Fortbildungsveranstaltungen Dritter (externe Fortbildungsveranstaltungen) darf sich nur auf angemessene Reisekosten, notwendige Übernachtungskosten sowie die durch den Dritten erhobenen Teilnahmegebühren erstrecken, wenn bei diesen Veranstaltungen der wissenschaftliche Charakter eindeutig im Vordergrund steht und ein sachliches Interesse des Unternehmens an der Teilnahme besteht. Eine Übernahme von Kosten darf nur erfolgen, wenn bei der Veranstaltung sowohl ein Bezug zum Tätigkeitsgebiet des Unternehmens als auch zum Fachgebiet des Veranstaltungsteilnehmers vorliegt.

6.5 Die finanzielle Unterstützung von externen Fortbildungsveranstaltungen gegenüber den Veranstaltern ist in einem angemessenen Umfang zulässig. Unterhaltungsprogramme dürfen dabei nicht finanziell oder durch Spenden unterstützt werden. Die Unternehmen, die externe Fortbildungsveranstaltungen finanziell unterstützen, sollten darauf hinwirken, dass die Unterstützung sowohl bei der Ankündigung als auch bei der Durchführung der Veranstaltung von dem Veranstalter offengelegt wird.

6.6 Sofern es sich um einen ärztlichen Veranstalter handelt, müssen Art, Inhalt und Präsentation der Fortbildungsveranstaltung allein von dem ärztlichen Veranstalter bestimmt werden.

6.7 Die Einladung und die Übernahme von Kosten dürfen sich bei internen und externen Fortbildungsveranstaltungen nicht auf Begleitpersonen erstrecken.

6.8 Sofern von Ärzten bei internen oder externen Fortbildungsveranstaltungen im Auftrag von Unternehmen der pharmazeutischen Industrie Vorträge gehalten oder andere Leistungen erbracht werden, ist Nr. 4 anwendbar.

7. Geschenke

7.1 Bei Werbegaben sind die Grenzen von § 7 HWG zu beachten.

7.2 Darüber hinaus dürfen Geschenke ausnahmsweise zu besonderen Anlässen (z. B. Praxis-Eröffnung, Jubiläen) gewährt werden, wenn sie sich in einem sozialadäquaten Rahmen halten

8. Bewirtung

Eine Bewirtung ist nur im Rahmen von wissenschaftlichen Fortbildungsveranstaltungen/ Kongressen sowie Arbeitsessen und in einem angemessenen und sozialadäquaten Umfang zulässig. Der Anlass eines Arbeitsessens ist zu dokumentieren.

9. Gewinnspiele für Ärzte

9.1 Die Werbung mit Gewinnspielen, bei denen der Gewinn allein vom Zufall abhängt, sollte auch gegenüber Ärzten unterbleiben.

9.2 Preisausschreiben, bei denen die Teilnahme von einer wissenschaftlichen oder fachlichen Leistung der teilnehmenden Ärzte abhängt und bei denen der in Aussicht gestellte Preis in einem angemessenen Verhältnis zu der durch die Teilnehmer zu erbringenden wissenschaftlichen oder fachlichen Leistung steht, sind zulässig.

10. Zusammenarbeit mit Ärzten als Amtsträger und/oder Mitarbeiter medizinischer Einrichtungen

Bei der Zusammenarbeit mit Ärzten, die Amtsträger und/oder Mitarbeiter medizinischer Einrichtungen sind, sind zusätzlich die Hinweise und Empfehlungen des „Gemeinsamen Standpunktes" der Verbände zu beachten.

3. Abschnitt: Arzneimittelsicherheit

11. Rote Hand

11.1 Für Mitteilungen von neuerkannten schwerwiegenden Nebenwirkungen, Rückrufen fehlerhafter Chargen oder andere Informationen, die den Arzt und/oder Apotheker unmittelbar erreichen sollen, um eine Gefährdung des Patienten nach Möglichkeit auszuschließen, ist sowohl auf den Briefumschlägen als auch auf den Briefen das Symbol einer roten Hand mit der Aufschrift „Wichtige Mitteilung über ein Arzneimittel" zu benutzen. In besonders eilbedürftigen Fällen kann es erforderlich sein, diese Mitteilungen auch mündlich, per Telefax oder durch öffentliche Aufrufe, z.B. über Presse, Rundfunk und Fernsehen, zu verbreiten.

11.2 Andere wissenschaftliche Informationen, Anzeigen oder Werbeaussendungen dürfen weder mit dem Symbol der roten Hand noch als Eilbrief, Einschreiben, Telegramm oder Telefax versandt oder als „Wichtige Mitteilung" gekennzeichnet werden.

4. Abschnitt: Verpflichtung und Schulung von Mitarbeitern und beauftragten Dritten

12. Verpflichtung und Schulung von Mitarbeitern und beauftragten Dritten

12.1 Die Unternehmen haben ihre Mitarbeiter und beauftragte Dritte, die mit Ärzten zusammenarbeiten, auf die Einhaltung der Verhaltensempfehlungen zu verpflichten und durch geeignete organisatorische Vorkehrungen deren Einhaltung zu sichern.

12.2 Die Mitarbeiter sind ferner über die wesentlichen Grundsätze der Berufsordnungen und der Berufspflichten der Ärzte zu informieren. Sie sind ferner über den Inhalt der Verhaltensempfehlungen zu schulen.

ANHANG 5
Wahrung der ärztlichen Unabhängigkeit bei der Zusammenarbeit mit Dritten
(Hinweise Bundesärztekammer zu § 33 MBO-Ä)
beschlossen von den Berufungsordnungsgremien der Bundesärztekammer am 12. August 2003

1. Vorbemerkung/Einleitung

Der 106. Deutsche Ärztetag 2003 hat eine Neufassung der §§ 30 ff. (Muster-) Berufsordnung zur Wahrung der ärztlichen Unabhängigkeit bei der Zusammenarbeit mit Dritten beschlossen. Hierzu haben die Berufsordnungsgremien der Bundesärztekammer die nachstehenden Auslegungsgrundsätze beschlossen. Sie erläutern Ärztinnen und Ärzten die Möglichkeiten und Grenzen der Zusammenarbeit mit Dritten, sie sollen aber auch denjenigen, die darüber hinaus mit der Anwendung der Vorschriften befasst sind, bei ihrer Arbeit unterstützen.

Die Zusammenarbeit von Ärzten und Industrieunternehmen ist in der jüngsten Vergangenheit in die öffentliche Diskussion geraten. Wiederholt sind Vorwürfe gegen die Ärzteschaft erhoben worden, dass bei der Zusammenarbeit mit der Industrie die ärztliche Unabhängigkeit nicht im ausreichenden Maße gewahrt worden sei. Diese Vorwürfe wurden sowohl gegen Krankenhausärzte als auch gegen niedergelassene Ärzte erhoben. Ausgelöst wurde diese Diskussion durch den sogenannten Herzklappenskandal, durch die Neuregelung des Gesetzes zur Bekämpfung der Korruption sowie Fragen der Finanzierung der Drittmittelforschung. Für den Bereich der ärztlichen Tätigkeit, der vom Anwendungsbereich des Antikorruptionsgesetzes insbesondere der §§ 331 ff StGB erfasst wird, liegt der "Gemeinsame Standpunkt zur strafrechtlichen Bewertung der Zusammenarbeit zwischen Industrie, medizinischen Einrichtungen und ihren Mitarbeitern" vor (Stand 11.04.2001).

Die Berufsordnung enthält im vierten Abschnitt (§§ 30 ff. MBO) Regelungen zur Zusammenarbeit von Ärzten und Industrie, die gewährleisten, dass die ärztliche Unabhängigkeit bei der Zusammenarbeit mit Dritten gesichert ist. Dieser vierte Abschnitt der MBO ist auf dem 106. Deutschen Ärztetag 2003 novelliert worden.

Bei der Novellierung dieses Abschnittes waren folgende Überlegungen maßgebend:
1. Die Kooperation von Ärzteschaft und Industrie ist sowohl notwendig als wünschenswert.
2. Die Kooperation muss so gestaltet sein, dass bei allen Formen der Zusammenarbeit die Wahrung der ärztlichen Unabhängigkeit gesichert ist und das Patientenwohl als oberste Handlungsmaxime der medizinischen Versorgung gesichert ist. Um diese Ziele zu erreichen, das heißt, eine Kooperation von den Ärzten und Industrie bei Wahrung der ärztlichen Unabhängigkeit zu ermöglichen, wurden die Prinzipien
   - Transparenz der Finanzflüsse
   - Trennung von Beschaffungsentscheidung und Zuwendungsempfang
   - Äquivalenz von Leistung und Gegenleistung sowie
   - die Dokumentation aller Formen der Zusammenarbeit,

die auch im Antikorruptionsstrafrecht herangezogen werden, soweit wie möglich im Berufsrecht verankert. Ergänzend zu diesen bei der Überarbeitung beachteten Grundsätzen wurde der Anwendungsbereich der Vorschriften auf die sog. "Drittvorteilsnahme" erstreckt.

Während nach bisher geltendem Berufsrecht die Annahme finanzieller Unterstützungsleistungen für die sogenannte passive Teilnahme an Fortbildungsveranstaltungen verboten war, erlaubt die Neufassung des neuen § 33 Abs. 4 MBO nun erstmalig das individuelle Fortbildungssponsoring, wenn bestimmte Regeln beachtet werden. Die nachstehende Darstellung informiert auf dem Boden des vom 106. Deutschen Ärztetag beschlossenen Berufsrechtes über die bestehenden Möglichkeiten und Grenzen der Zusammenarbeit von Ärzteschaft und Industrie.

2. Rechtliche Rahmenbedingungen der Kooperation

Die Zusammenarbeit von Ärzten mit Dritten ist im 4. Kap. der MBO in den §§ 30 - 35 geregelt. Diese Vorschriften verpflichten Ärzte, ihre Unabhängigkeit bei der Zusammenarbeit mit Dritten zu wahren. Aber auch weitere Vorschriften des ärztlichen Berufsrechts sollen dazu beitragen, die ärztliche Unabhängigkeit zu sichern. Im einzelnen sind dies § 3 Abs. 2 MBO, § 23 MBO, § 15 Abs. 4 MBO. Die nachfolgende Darstellung beschränkt sich auf die Erläuterung des § 33 MBO.

§ 33 Arzt und Industrie

1. Soweit Ärzte Leistungen für die Hersteller von Arznei-, Heil- und Hilfsmitteln oder Medizinprodukten erbringen (z. B. bei der Entwicklung, Erprobung und Begutachtung), muss die hierfür bestimmte Vergütung der erbrachten Leistung entsprechen.
Die Verträge über die Zusammenarbeit sind schriftlich abzuschließen und sollen der Ärztekammer vorgelegt werden.
2. Die Annahme von Werbegaben oder anderen Vorteilen ist untersagt, sofern der Wert nicht geringfügig ist.
3. Dem Arzt ist nicht gestattet, für den Bezug der in Abs. 1 genannten Produkte, Geschenke oder andere Vorteile für sich oder einen Dritten zu fordern. Diese darf er auch nicht sich oder Dritten versprechen lassen oder annehmen, es sei denn, der Wert ist geringfügig.
4. Die Annahme von geldwerten Vorteilen in angemessener Höhe für die Teilnahme an wissenschaftlichen Fortbildungsveranstaltungen ist nicht berufswidrig. Der Vorteil ist unangemessen, wenn er die Kosten der Teilnahme (notwendige Reisekosten, Tagungsgebühren) des Arztes an der Fortbildungsveranstaltung übersteigt oder der Zweck der Fortbildung nicht im Vordergrund steht. Satz 1 und 2 gelten für berufsbezogene Informationsveranstaltungen von Herstellern entsprechend.

2.1 Ärztliche Leistungen für Hersteller von Arzneimitteln, Medizinprodukte u. a.

§ 33 Abs. 1 MBO regelt die Zusammenarbeit von Ärzten mit Herstellern von Arznei, Heil- und Hilfsmittel oder medizinisch-technischen Geräten, z. B. bei der Entwicklung, Erprobung und Begutachtung im Rahmen einer vertraglichen Austauschbeziehung. Typischerweise erbringt der Arzt in diesen Fällen im Rahmen einer Austauschbeziehung eine Leistung für ein Unternehmen, das ihn hierfür vergütet. Diese Leistungserbringung ist berufsrechtlich zulässig, wenn die für die ärztliche Leistung bestimmte Vergütung der erbrachten Gegenleistung entspricht (Äquivalenzprinzip). Auch wenn grundsätzlich keine generalisierende Betrachtung möglich ist, sondern die berufsrechtliche Beurteilung anhand des konkreten Einzelfalles erfolgen muss, sind folgende Grundsätze zu beachten.

Ob Leistungen und Gegenleistungen in einem angemessenen Verhältnis zueinander stehen, also das Äquivalenzprinzip beachtet wurde, beurteilt sich u.a. danach, ob die finanzielle Entschädigung im Verhältnis zu dem Zeitaufwand und zu dem Schwierigkeitsgrad der Aufgabenstellung angemessen ist. Auch weitere Kriterien, wie individuelle Kompetenz, können bei der Feststellung ins Gewicht fallen, ob sich Leistungen und Gegenleistungen entsprechen.

Dabei ist kritisch zu prüfen, ob Austauschverträge lediglich dazu dienen, der Sache nach einseitige Zuwendungen zu verdecken oder das Verbot der einseitigen Zuwendung zu umgehen. Ein berufsrechtlicher Verstoß kann zum Beispiel dann vorliegen, wenn dem Arzt allein der Zeitaufwand für die Teilnahme an produktbezogenen Veranstaltungen (z. B. Teilnahme an einem eintägigen Qualitätszirkel, der sich ausschließlich mit der Anwendung eines bestimmten Medikamentes befasst) ersetzt wird und dem keine Gegenleistung gegenübersteht.

Die Teilnahme an klinischen Studien und Anwendungsbeobachtungen stellt einen Fall der Zusammenarbeit von Ärzteschaft und Industrie dar. Unter Beachtung der berufsrechtlichen Bestimmungen ist dieses erlaubt.

Übernimmt ein Arzt die Durchführung klinischer Prüfungen der Phase II oder Phase V, so muss das Entgelt angemessen sein. Alle Leistungen, besonders Arzneimittel und Laborleistungen, die im Zusammenhang mit klinischen Prüfungen notwendig sind, dürfen nicht zu Lasten der Krankenversicherung abgerechnet und nicht privatärztlich liquidiert werden. Die durch die klinische Prüfung verursachten Kosten sind von dem pharmazeutischen Unternehmen zu tragen.

Auch in Fällen, in denen die Vereinbarung zur klinischen Erprobung zwischen Krankenhausträger und Unternehmen geschlossen wird, kann § 33 MBO berührt sein. Dieses gilt jedenfalls dann, wenn ein bestimmter Arzt wirtschaftlich Begünstigter der Vereinbarung ist. Der Weg, wie der Vorteil an den Arzt gelangt, ist unerheblich.

Zahlungen für Anwendungsbeobachtungen dürfen nicht dazu dienen, zum Beispiel eine Änderung der Arzneimittelverordnung (Wechsel des Präparates) ohne medizinische Veranlassung herbeizuführen. Wie bei anderen Verträgen muss auch in diesem Fall das Äquivalenzprinzip beachtet werden.
Auch die Übernahme von Referententätigkeit im Rahmen von Fortbildungsveranstaltungen kann in den Anwendungsbereich des § 33 Abs. 1 MBO fallen, wenn die Honorierung z. B. durch ein pharmazeutisches Unternehmen erfolgt.

Die Annahme von Honoraren für Vorträge ist grundsätzlich zulässig, wenn die Höhe des Honorars angemessen ist. Berufsrechtlich zulässig ist es ebenfalls, wenn die Reise- und Unterbringungskosten für den Referenten durch ein Unternehmen übernommen werden.

Gemäß § 33 Abs. 1 Satz 2 MBO, der auf dem 106. Deutschen Ärztetag neu in die Vorschrift eingeführt wurde, sind alle Verträge über die Zusammenarbeit schriftlich abzuschließen (Dokumentationsgrundsatz) und sollen der Ärztekammer vorgelegt werden (Transparenzgrundsatz).

2.2 Annahme von Werbegaben

§ 33 Abs. 2 MBO verbietet die Annahme von Werbegaben oder anderen Vorteilen, sofern der Wert nicht geringfügig ist. Nach dieser Vorschrift dürfen nur solche Leistungen angenommen werden, die einen Wert von 50,00 Euro nicht übersteigen. Bei regelmäßigen Zuwendungen, die im Einzelfall innerhalb dieser Grenze liegen, ist nicht der Wert der einzelnen Leistungen zugrunde zu legen, sondern eine Gesamtbetrachtung vorzunehmen. Allerdings: Nach § 7 Heilmittelwerbegesetz ist die Annahme von Zuwendungen und sonstigen Werbegaben auch und bereits dann unzulässig, wenn deren Wert unter 50,00 Euro liegt.

2.3. Bezug von Waren

§ 33 Abs. 3 MBO verbietet dem Arzt die Annahme von Vorteilen beim Bezug von Arznei, Heil- und Hilfsmitteln und medizinisch-technischen Geräten, es sei denn, es handelt sich um Vorteile von geringem Wert. Ebenso wie nach Abs. 2 liegt die Grenze bei 50,00 Euro. Dieses Verbot gilt auch dann, wenn der Vorteil einem Dritten zufließt (zum Beispiel Familienangehörige oder Mitarbeiter).

§ 33 Abs. 3 MBO stellt klar, dass der Arzt seine Beschaffungsentscheidung nicht von der Gewährung von Vorteilen abhängig machen darf. Nicht verboten ist aber das Aushandeln von Rabatten. Allerdings kann der Arzt aufgrund anderer rechtlicher Bestimmungen verpflichtet sein, die Rabatte an andere (zum Beispiel Krankenkasse) weiter zu geben.

In jedem Falle ist es berufsrechtlich unzulässig, wenn die Beschaffungsentscheidung für die medizinisch-technischen Geräte von Zuwendungen abhängig gemacht wird. Die unentgeltliche Überlassung medizinisch-technischer Geräte ist mit den berufsrechtlichen Vorschriften nicht zu vereinbaren.

2.4 Fortbildungsveranstaltungen
§ 33 Abs.4 MBO in der Fassung des 106. Deutschen Ärztetages regelt in Satz 1 das sog. individuelle Fortbildungssponsoring. Nach dieser Vorschrift verstößt ein Arzt dann nicht gegen berufsrechtliche Vorschriften, wenn er für die Teilnahme an wissenschaftlichen Fortbildungsveranstaltungen einen geldwerten Vorteil in angemessener Höhe annimmt. Danach ist es möglich, solche finanzielle Zuwendungen anzunehmen, die dazu dienen, die Teilnahme an wissenschaftlichen Fortbildungsveranstaltungen zu ermöglichen. Unterstützungsleistungen für reine Marketingveranstaltungen sind demgegenüber unzulässig.

Die Unterstützung muss sich auf die Übernahme der notwendigen Reisekosten und Tagungsgebühren beschränken. Zulässig ist es z. B., wenn ein Bahnticket oder ein Flugticket (Economy-Class) übernommen wird. Auch die Erstattung sonstiger Reisekosten (öffentliche Verkehrsmittel, Taxen) ist möglich. Die Erstattung ist auf die für die Teilnahme an der Veranstaltung notwendigen Übernachtungskosten begrenzt. Kosten für "Verlängerungstage" dürfen nicht angenommen werden. Auch müssen die Reisekosten in der Höhe angemessen sein, so kann die Übernahme der Kosten für ein "Luxushotel" unangemessen sein. Die dem Teilnehmer entstehenden Teilnahmegebühren dürfen in voller Höhe von Dritten getragen werden, ohne dass hierin eine Verletzung berufsrechtlicher Vorschriften zu sehen ist. Die Annahme weiterer Vorteile verletzt berufsrechtliche Vorschriften; insbesondere ist es unzulässig, wenn Reisekosten für Begleitpersonen getragen werden und/oder für ein Rahmenprogramm übernommen werden.

Eine Annahme geldwerter Vorteile verstößt aber dann gegen berufsrechtliche Vorschriften, wenn der Zweck der Fortbildung nicht im Vordergrund steht. Dieses kann beispielsweise dann der Fall sein, wenn Reisekosten für eine Veranstaltung übernommen werden, in deren Rahmen nur ein zeitlich geringer Anteil für die Fortbildung zur Verfügung, im überwiegenden Maße jedoch ein Freizeitwert einer Veranstaltung im Vordergrund steht.

Indikatoren hierfür können z. B. der Ort der Veranstaltung (Urlaubsregion oder touristisch attraktive Städte) sein. Ein Indiz hierfür kann auch sein, wenn eine Veranstaltung im Ausland durchgeführt wird, obwohl kein internationaler Themenbezug der Fortbildung gegeben ist.

§ 33 Abs. 4 Satz 3 MBO stellt klar, dass die gleichen Grundsätze wie für wissenschaftliche Informationsveranstaltungen auch für berufsbezogene Informationsveranstaltungen von Herstellern gelten. Dieses bedeutet, dass auch für Informationsveranstaltungen Unterstützungsleistungen in angemessener Höhe angenommen (und gewährt) werden dürfen. Eine berufsbezogene Informationsveranstaltung liegt dann vor, wenn etwa im Rahmen einer solchen Veranstaltung Innovationen im Arzneimittelbereich im wissenschaftlichen Kontext vorgestellt werden. Handelt es sich demgegenüber um eine Veranstaltung, die ausschließlich der Absatzsteigerung von Arzneimitteln oder Medizinprodukten dient, dürfen keine Reisekosten übernommen werden. Diese sind vom Arzt selbst zu tragen. Ob es sich um eine Marketing-Veranstaltung handelt oder aber eine berufsbezogene Informationsveranstaltung vorliegt, kann im Einzelfall zu schwierigen Abgrenzungsfragen führen. Vor der Annahme von Unterstützungsleistungen empfiehlt sich daher, wenn sich der Arzt von seiner Ärztekammer beraten lässt. Auch für Informationsveranstaltungen gilt, dass lediglich die notwendigen Reisekosten und Tagungsgebühren übernommen werden dürfen. Kosten für Rahmenprogramme und Reisekosten für Begleitprogramme dürfen auch in diesem Falle nicht übernommen werden. Ebenso wie bei Fortbildungsveranstaltungen dürfen Unterbringungskosten nur für die tatsächliche Dauer der Veranstaltungen in angemessener Höhe getragen werden.

ANHANG 6
Empfehlungen zur Planung, Durchführung und Auswertung von Anwendungsbeobachtungen des Bundesinstituts für Arzneimittel und Medizinprodukte
(Empfehlung des BfArM) vom 12. November 1998

Präambel

In der Folge der 1986 vorgenommenen Anfügung von Abs. 6 an § 67 Arzneimittelgesetz (AMG) wurden Untersuchungen verschiedenster Zielsetzung mit dem Begriff "Anwendungsbeobachtung" belegt. Explizit verwendet wurde der Begriff in behördlichen Regelungen zum ersten Mal 1989 im Abschnitt 5.1 der Arzneimittelprüfrichtlinien bei der Aufzählung der Formen möglichen wissenschaftlichen Erkenntnismaterials bei der behördlichen Beurteilung der Wirksamkeit und Unbedenklichkeit von Arzneimitteln mit bekanntem Wirkstoff. Anwendungsbeobachtungen (AWB) sind aus dem Regelungsbereich der Richtlinien zur Guten Klinischen Praxis (Vorschlag für eine Richtlinie des Europäischen Parlaments und des Rates vom 03. September 1997, KOM(97) 369) ausdrücklich ausgenommen. Es ist somit eine einheitliche Definition der AWB und der mit diesem Instrument erreichbaren Erkenntnisziele nötig.

Die folgenden Ausführungen haben das Ziel, unter Berücksichtigung nationaler und internationaler Vorlagen den Begriff "Anwendungsbeobachtung" zu präzisieren, sowie Empfehlungen für die Planung, Durchführung und Auswertung derartiger Untersuchungen zu geben.

1. Begriffsbestimmung

Anwendungsbeobachtungen (AWB) sind Beobachtungsstudien, die dazu bestimmt sind, Erkenntnisse bei der Anwendung verkehrsfähiger Arzneimittel zu sammeln. Ihr besonderes Charakteristikum ist die weitestgehende Nichtbeeinflussung des behandelnden Arztes in Bezug auf Indikationsstellung sowie Wahl und Durchführung der Therapie im Einzelfall. Ziel ist die Beobachtung von Behandlungsmaßnahmen in der routinemäßigen Anwendung durch Arzt und Patient (im Rahmen dieser Empfehlungen sind hierunter auch gesunde Personen zu verstehen, etwa bei AWB von Impfungen). Eine AWB kann ohne

Vergleichsgruppe, z.B. arzneimittelorientiert, oder mit zwei oder mehr zu vergleichenden Gruppen, z.B. indikationsorientiert, angelegt sein. Sie wird mit Handelsware durchgeführt.

Eine AWB ist keine klinische Prüfung gemäß §§ 40, 41 AMG. Soweit Indikationsvorgaben gemacht werden, müssen diese der zugelassenen Indikation entsprechen.

2. Generelle Anforderungen an AWB
AWB erfordern eine Planung, Durchführung, Aus- und Bewertung nach dem Stand der wissenschaftlichen Erkenntnis der beteiligten Disziplinen. Sie müssen eine medizinisch-wissenschaftliche Zielsetzung (Abschnitt 4) verfolgen, die als präzise Fragestellung vorab formuliert sein muss. Das gewählte Design (Basis eines Vergleichs, zeitlicher Umfang und Untersuchungsumfang beim einzelnen Patienten, Patientenzahl) und die geplanten Methoden (Datenerhebung und Auswertung) müssen zur Beantwortung dieser Frage geeignet sein. Eine AWB ist prospektiv, ggf. mit zurückverlegtem Anfangspunkt, durchzuführen und orientiert sich in Anlage und Durchführung an einer Kohortenstudie. Sie kann auch auf geeigneten pharmakoepidemiologischen Datenbeständen basieren.

3. Methodische Einordnung von AWB
AWB sind eines von mehreren methodischen Instrumenten, um Erkenntnisse zu auf dem Markt verfügbaren Arzneimitteln zu gewinnen. Andere Instrumente der Therapieforschung nach der Zulassung sind Klinische Prüfungen der Phase IV sowie Fall-Kontroll-Studien, Querschnittstudien, Korrelationsstudien mit aggregierten Daten, Auswertungen von Registern und Spontan-Meldesysteme.

Die Wahl des geeigneten Instruments wird durch das Erkenntnisziel bestimmt. Für eine bestimmte Fragestellung ist deshalb zu begründen, dass das gewählte Instrument methodisch adäquat, aussagekräftig und effizient (Patientenzahl) zur Beantwortung der Frage ist.

4. Ziele von AWB
Mögliche Ziele von AWB sind:
a) das Gewinnen von Erkenntnissen über Verordnungsverhalten und Verschreibungsgewohnheiten, Beachtung der Fach- und Gebrauchsinformationen, Akzeptanz und Compliance, Praktikabilität, Beachtung von Zulassungsauflagen etc.;
b) das Vertiefen von Erkenntnissen zu bekannten unerwünschten Arzneimittelwirkungen (UAW) unter routinemäßiger Anwendung (z.B. Überprüfung der zu erwartenden UAW, Häufigkeitsabschätzungen, Wechselwirkungen); das Gewinnen von Erkenntnissen zu bisher unbekannten, insbesondere seltenen UAW sowie zu Wechselwirkungen;
c) das Erweitern von Erkenntnissen zur Wirksamkeit (z.B. unter Bedingungen der routinemäßigen Anwendung; in Gruppen, die in klinische Prüfungen nicht eingeschlossen wurden, in Subgruppen; zur Charakterisierung von Nonrespondern; etc.). Ein Nachweis der Wirksamkeit allein durch AWB ist bis auf besonders begründete Ausnahmefälle nicht möglich.

5. Nichtintervention
Die Nichtintervention im Rahmen von AWB bezieht sich darauf, dass dem behandelnden Arzt keine studienspezifischen Vorgaben dazu gemacht werden,
a) ob überhaupt oder mit welchem Arzneimittel zu therapieren ist;
b) wie die Modalitäten der Behandlung sind (Dosis, Applikationsart);
c) unter welchen Umstanden die Therapie abgesetzt bzw. geändert wird.

Ein Arzneimittel darf nicht zu dem Zweck verschrieben werden, einen Patienten in eine AWB einzuschließen. Verordnung eines Arzneimittels und Einschluss des Patienten in eine AWB sind zwei Aspekte, die getrennt gesehen werden müssen. Diese Trennung ist z.B. dann realisiert, wenn der Patient erst für die Studie identifiziert wurde, nachdem die Entscheidung über die Therapie getroffen worden ist.

Das für einen Erkenntnisgewinn notwendige systematische Beobachten erfordert jedoch zusätzliche Vorgaben zur Erhebung von Daten sowie zu Art und Umfang der Dokumentation und deren Kontrolle; hier sind also in Abhängigkeit vom Erkenntnisziel Vorgaben bei dem behandelnden Arzt unumgänglich, um eine ausreichende Beobachtungsgleichheit und eine ausreichend hohe Qualität bezgl. Güte und Vollständigkeit der erhobenen Daten zu erreichen.

6. Unterschiedliche AWB-Formen

Unterschiedliche Ziele (4a - 4c) erfordern unterschiedliche Designs und Formen von AWB. Grundsätzlich sind hier Fallserien, einarmige und mehrarmige Kohortenstudien zu unterscheiden. Für 4c, teilweise auch für 4b, haben vergleichende AWB i. S. mehrarmiger Kohortenstudien gegenüber AWB mit nur einer Behandlung die größere Aussagekraft.

Je nach Fragestellung werden die Vorgaben für die Beobachtung unterschiedlich sein. Für die unter 4a formulierten Ziele ist ein weitestgehender Verzicht auf solche Vorgaben anzustreben; hier sollte auch an die Erhebung von Daten über bereits in der Vergangenheit erfolgte oder begonnene Behandlungen gedacht werden. Für die unter 4b und 4c formulierten Ziele sind Maßnahmen zur standardisierten Erhebung der Zielgrößen nötig; dabei sollten Empfehlungen für die Durchführung diagnostischer Maßnahmen gegeben oder auf publizierte Empfehlungen (z.B. Leitlinien) hingewiesen werden.

7. Studienplan

Vor Beginn einer AWB ist ein Studienplan zu erstellen, der dem aktuellen Stand der medizinischen und biometrischen Wissenschaft entspricht. Seine wesentlichen Bestandteile sind der Beobachtungs- sowie der Auswertungsplan. Der Beobachtungsplan sollte sich am routinemäßigen Vorgehen ausrichten. Er soll eine strukturierte, systematische Beobachtung ermöglichen. Bei Zielsetzungen nach 4b und 4c soll er das Ziel der Beobachtungsgleichheit unterstützen.

Der Studienplan soll mindestens folgende Angaben enthalten:
- Formulierung einer (oder mehrerer) präzisen(r) Fragestellung(en) sowie eine Begründung, dass die AWB für ihre Beantwortung das geeignete Instrument ist;
- Beschreibung des Patientenzugangs und ggf. des Vorgehens zur Auswahl der beteiligten Ärzte (Zentren);

- Definition der einzubeziehenden Patienten sowie gegebenenfalls Beschreibung des Vorgehens für den Patienteneinschluss und -ausschluss;
- Beschreibung der Maßnahmen zum Erreichen von Repräsentativität (für Ärzte und Patienten);
- Festlegung der zu erhebenden Merkmale, eine Beschreibung ihrer Relevanz sowie ihrer Stellung für die Beantwortung der Fragestellung (Zielgröße, Einflussgröße, Störgröße);
- Diskussion möglicher Störgrößen und Beschreibung von Maßnahmen zu ihrer Kontrolle;
- Zeitraster der Beobachtung;
- Dauer der Studie und Abbruchkriterien;
- Beschreibung der für die Beobachtung benötigten Erhebungsinstrumente (z.B. Dokumentationsbogen);
- Begründung der Zahl einzubeziehender Patienten;
- Beschreibung von Art und Umfang der Dokumentation;
- Regelung der Berichtswege zu UAW unter Berücksichtigung der jeweils geltenden gesetzlichen Bestimmungen;
- Beschreibung von Maßnahmen zur Qualitätssicherung;
- Beschreibung der statistischen Auswertung;
- Regelung der Verantwortlichkeiten (Leitung und Koordination der Beobachtungsstudie, Biometrie, Sponsor etc.);
- Regelungen für Berichterstellung einschließlich biometrischer und medizinischer Bewertung.

8. Qualitätssicherung

Die für epidemiologische Studien üblichen Qualitätsanforderungen gelten auch für AWB. Ziel der Qualitätssicherung ist es, mögliche Verzerrungen durch ein entsprechendes Studiendesign und/oder eine adäquate Datenanalyse zu minimieren, Vollständigkeit und Validität der Daten zu sichern sowie Mängel frühzeitig zu erkennen und zu beseitigen.

9. Repräsentativität

Da AWB in Ergänzung zu klinischen Prüfungen Ergebnisse bei der routinemäßigen Anwendung von Arzneimitteln liefern sollen, muss durch geeignete

Maßnahmen dafür Sorge getragen werden, dass die in eine AWB einbezogenen Patienten und Ärzte sowie das therapeutische Vorgehen ein möglichst repräsentatives Abbild der medizinischen Praxis geben.

10. Statistische Auswertung
Die Auswertung der Daten einer AWB erfolgt mit problemadäquaten biometrischen Methoden. Das geplante Vorgehen ist im Studienplan vorab festzulegen; Abweichungen von diesem Vorgehen bei der Auswertung sind zu begründen.

11. Patientenaufklärung und -einwilligung
Bezüglich der Therapieentscheidung ist eine über die übliche ärztliche Aufklärungspflicht hinausgehende Information des Patienten nicht notwendig. Gleiches gilt für die Dokumentation, soweit die Daten im Sinne des Datenschutzes gehandhabt werden. Jedoch kann bzgl. des Umgangs mit Patientendaten (z.B. Maßnahmen zur Qualitätssicherung) sowie bzgl. zusätzlicher Vorgaben in der Beobachtung ergänzender Aufklärungsbedarf bestehen. Das Einholen der Einwilligung des Patienten ist dann erforderlich.

12. Interessenkonflikte, Ethik
AWB bergen eine Reihe möglicher Interessenkonflikte im Spannungsfeld zwischen Datenschutz, Schutz des Patienten, Schutz und Haftung des Arztes, Interesse des Sponsors. Die Beratung durch eine Ethikkommission kann im Falle solcher Interessenkonflikte hilfreich sein.

Im übrigen wird auf einschlägige Verordnungen (Berufsordnungen) und Gesetze sowie insbesondere auf in den einzelnen Bundesländern unterschiedliche Regelungen im Arztrecht verwiesen.

13. Anzeigepflichten
Gemäß § 67 Abs. 6 AMG besteht für Anwendungsbeobachtungen eine unverzügliche Anzeigepflicht. Die gemäß § 29 Abs. 1 AMG bestehenden Anzeigepflichten gelten uneingeschränkt auch bei der Durchführung von AWB.

14. Bericht, Archivierung
Über die Durchführung und Ergebnisse einer AWB ist innerhalb angemessener Frist ein Abschlussbericht zu erstellen, der eine biometrische Auswertung und eine Bewertung aus medizinischer Sicht enthält. Die Ergebnisse der AWB sollen nach wissenschaftlichen Kriterien publiziert werden.

Es wird empfohlen, alle Unterlagen einer AWB für spätere Zugriffe und Auswertungen mindestens 10 Jahre zu archivieren.

15. Erstattung und Honorierung
Die Beteiligung an einer AWB ist eine ärztliche Tätigkeit. Ein über die Regelversorgung hinaus durch die AWB entstehender Aufwand ist in Anlehnung an die ärztliche Gebührenordnung zu honorieren. Die Honorierung soll sich am Zeitaufwand für zusätzlich erforderliche Dokumentations- und andere Maßnahmen orientieren. Die Erstattung von über die Routine hinausgehenden Leistungen ist gesondert zu klären. Erstattungsfragen dürfen die wissenschaftliche Zielsetzung und die Auswahl der einzubeziehenden Patienten nicht beeinflussen.

§ 67 Abs. 6 AMG: "Der pharmazeutische Unternehmer hat Untersuchungen, die dazu bestimmt sind, Erkenntnisse bei der Anwendung zugelassener oder registrierter Arzneimittel zu sammeln, den kassenärztlichen Vereinigungen sowie der zuständigen Bundesoberbehörde unverzüglich anzuzeigen."

Bei Arzneimitteln, die nicht der Verschreibungspflicht unterliegen, sind Anwendungsbeobachtungen auch bei anderen Heilberufen möglich.

Soweit bei bekannten Arzneimitteln umfangreiches und nachvollziehbar dokumentiertes, plausibles Erfahrungswissen vorliegt, kann eine sorgfältig geplante AWB allerdings die Akzeptanz von Indikationsaussagen ermöglichen. Über die Möglichkeit der Verwendung von Ergebnissen aus AWB in den Sonderfällen, in denen die Durchführung klinischer Prüfungen nicht möglich ist, muss im jeweiligen Einzelfall entschieden werden.

ANHANG 7
Gemeinsame Empfehlungen des Bundesinstituts für Arzneimittel und Medizinprodukte und des Paul-Ehrlich-Instituts zur Planung, Durchführung und Auswertung von Anwendungsbeobachtungen (Neue Gemeinsame Empfehlungen BfArM/PEI)
Entwurfsfassung vom 9. Mai 2007 zur Kommentierung durch die Fachöffentlichkeit

Präambel

In der Folge der 1986 vorgenommenen Anfügung von Abs. 6 an § 67 Arzneimittelgesetz (AMG) wurden Untersuchungen verschiedenster Zielsetzung mit dem Begriff "Anwendungsbeobachtung" belegt. Explizit verwendet wurde der Begriff in behördlichen Regelungen zum ersten Mal 1989 im Abschnitt 5.1 der Arzneimittelprüfrichtlinien bei der Aufzählung der Formen möglichen wissenschaftlichen Erkenntnismaterials bei der behördlichen Beurteilung der Wirksamkeit und Unbedenklichkeit von Arzneimitteln mit bekanntem Wirkstoff. Anwendungsbeobachtungen (AWB) sind aus dem Regelungsbereich der Richtlinie 2001/20/EG des Europäischen Parlaments und des Rates vom 4. April 2001 ausdrücklich ausgenommen[1] und stellen keine klinische Prüfung am Menschen im Sinne von § 4 Abs. 23 Satz 1 AMG dar.

Die folgenden Ausführungen haben das Ziel, unter Berücksichtigung nationaler und internationaler Vorlagen den Begriff "Anwendungsbeobachtung" zu präzisieren, sowie Empfehlungen für die Planung, Durchführung und Auswertung derartiger Untersuchungen zu geben.

---

[1] Artikel 1, Absatz (1): „ ... Nichtinterventionelle Prüfungen, definiert in Artikel 2(c) der Richtlinie 2001/20/EG, fallen nicht unter diese Richtlinie."

1. Begriffsbestimmung

1.1 Anwendungsbeobachtungen (AWB)

AWB sind nichtinterventionelle Prüfungen im Sinne von § 4 Abs. 23 Satz 3 AMG, d.h. Untersuchungen, in deren Rahmen „Erkenntnisse aus der Behandlung von Personen mit Arzneimitteln gemäß den in der Zulassung festgelegten Angaben für seine Anwendung anhand epidemiologischer Methoden analysiert werden; dabei folgt die Behandlung einschließlich der Diagnose und Überwachung nicht einem vorab festgelegten Prüfplan, sondern ausschließlich der ärztlichen Praxis." Die Entscheidung, einen Patienten in eine Anwendungsbeobachtung einzubeziehen, ist von der Entscheidung über die Verordnung des Arzneimittels getrennt.

Eine AWB ist <u>keine</u> klinische Prüfung gemäß § 4 Ziffer 23 Satz 1 AMG und ist daher auch nicht genehmigungspflichtig. Sie ist aber gemäß § 67 Abs. 6 AMG den kassenärztlichen Bundesvereinigungen, den Spitzenverbänden der Krankenkassen sowie der zuständigen Bundesoberbehörde unverzüglich anzuzeigen. Dabei sind Ort, Zeit, Ziel der Anwendungsbeobachtung und beteiligte Ärzte namentlich anzugeben.

Untersuchungen am Menschen nach der Zulassung des Arzneimittels, die dazu bestimmt ist, klinische oder pharmakologische Wirkungen von Arzneimitteln zu erforschen oder nachzuweisen oder Nebenwirkungen festzustellen oder die Resorption, die Verteilung, den Stoffwechsel oder die Ausscheidung zu untersuchen, mit dem Ziel, sich von der Unbedenklichkeit oder Wirksamkeit der Arzneimittel zu überzeugen und deren Behandlung einschließlich der Diagnose und Überwachung <u>über die ärztliche Praxis hinausgehen</u>, sind als klinische Prüfungen gemäß § 4 Abs. 23 Satz 1 AMG durchzuführen und stellen keine AWB mehr dar. Eine systematische Zuordnung zu Behandlungsarmen im Sinne einer Randomisierung sowie Verwendung von Arzneimitteln außerhalb der zugelassenen Indikation sind ebenfalls Kennzeichen einer klinischen Prüfung. Diese klinischen Prüfungen sind vor Beginn durch die zuständige Bundesoberbehörde zu genehmigen und durch die zuständige Ethikkommission positiv zu bewerten. Eine Genehmigung durch die zuständige Bundesoberbehörde und die zuständige Ethikkommission sind auch für klinische Prüfungen innerhalb der zugelassenen Indikation, so genannte Phase IV-Prüfungen, erforderlich.

1.2 Nichtintervention

Die Nichtintervention im Rahmen von AWB bezieht sich darauf, dass dem behandelnden Arzt keine Vorgaben dazu gemacht werden, ob überhaupt oder mit welchem Arzneimittel zu therapieren ist und unter welchen Umständen die Therapie abgesetzt bzw. geändert wird.

Zusätzlich ist die Nichtintervention dadurch gekennzeichnet, dass die Behandlung mit den Arzneimitteln gemäß den in der Zulassung festgelegten Angaben für ihre Anwendung stattfindet, und der Arzt / die Ärztin die Behandlung einschließlich der Diagnose und Überwachung so durchführt, so wie sie üblicherweise in der ärztlichen Behandlungspraxis durchgeführt wird.

Ein Arzneimittel darf nicht zu dem Zweck verordnet werden, einen Patienten in eine AWB einzuschließen. Verordnung eines Arzneimittels und Einschluss des Patienten in eine AWB sind zwei Aspekte, die zu trennen sind. Diese Trennung ist z.B. dann realisiert, wenn der Patient erst für die AWB identifiziert wurde, nachdem die Entscheidung über die Therapie getroffen worden ist.

Das für einen Erkenntnisgewinn notwendige systematische Beobachten erfordert Vorgaben zur Erhebung von Daten sowie zu Art und Umfang der Dokumentation und deren Kontrolle. In Abhängigkeit vom Erkenntnisziel sind Vorgaben bei dem behandelnden Arzt unumgänglich, um eine ausreichende Beobachtungsgleichheit und eine ausreichend hohe Qualität bezüglich Güte und Vollständigkeit der erhobenen Daten zu erreichen. Eine systematische Zuordnung zu Behandlungsarmen (Randomisierung) ist jedoch unzulässig. Die Anwendung muss ausschließlich gemäß der ärztlichen Praxis erfolgen.

Darüber hinaus darf beim Patienten kein zusätzliches Diagnose- oder Überwachungsverfahren benutzt werden.

1.3 Beobachtungs- und Auswertungsplan

Vor Beginn einer AWB ist ein Beobachtungsplan zu erstellen, der dem aktuellen Stand der medizinischen, epidemiologischen und biometrischen Wissenschaft entspricht. Der Beobachtungsplan sollte sich am routinemäßigen Vorgehen ausrichten. Er soll eine strukturierte, systematische Beobachtung ermöglichen.

Der Beobachtungsplan soll mindestens folgende Angaben enthalten:
- Formulierung einer (oder mehrerer) präzisen(r) Fragestellung(en) sowie eine Begründung, weshalb die AWB für ihre Beantwortung das geeignete Instrument ist;
- Definition der einzubeziehenden Patienten sowie gegebenenfalls eine Beschreibung des Vorgehens bei der Auswahl der zu dokumentierenden Patienten;
- Beschreibung der Maßnahmen zum Erreichen von Repräsentativität (für Ärzte und Patienten);
- Bei Gruppenvergleichen ist auf eine Beobachtungsgleichheit der Gruppen zu achten;
- Festlegung der zu erhebenden Merkmale, eine Beschreibung ihrer Relevanz sowie ihres Stellenwertes für die Beantwortung der Fragestellung (Zielgröße, Einflussgröße, Störgröße);
- Diskussion möglicher Störgrößen und Beschreibung von Maßnahmen zu ihrer Kontrolle;
- Zeitraster der Beobachtung;
- Dauer der AWB;
- Beschreibung der für die Beobachtung benötigten Erhebungsinstrumente (z.B. Dokumentationsbogen);
- Begründung der Zahl einzubeziehender Patienten;
- Festlegung der Berichtsprozesse über beobachtete unerwünschte Arzneimittelwirkungen (UAWs) vom Arzt an den Auftraggeber;
- Beschreibung von Maßnahmen zur Qualitätssicherung (in Anlehnung an GCP Standards);
- Beschreibung der statistischen Auswertung;
- Regelung der Verantwortlichkeiten (Leitung und Koordination der Beobachtungsstudie, Biometrie, Auftraggeber etc.);
- Regelungen für Berichterstellung einschließlich biometrischer und medizinischer Bewertung.

Die (statistische) Auswertung der Daten einer AWB erfolgt mit problemadäquaten epidemiologischen Methoden. Das geplante Vorgehen ist im Auswertungsplan <u>vor</u> Beginn der AWB festzulegen; Abweichungen von diesem Vorgehen sind zu begründen.

Um die Vorlage der Unterlagen nach 1.3 sowie der unter Punkt 7 und 8 genannten Anzeigen und Berichte bei den Bundesoberbehörden in geeigneter elektronischer Form (z.B. CD-ROM) wird gebeten.

2. Generelle Anforderungen an AWB

AWB erfordern eine Planung, Durchführung, Aus- und Bewertung nach dem Stand der wissenschaftlichen Erkenntnis der beteiligten Disziplinen. Sie müssen eine medizinisch-wissenschaftliche Zielsetzung (s. Punkt 3) verfolgen, die als präzise Fragestellung vorab formuliert sein muss. Das gewählte Design (Basis eines Vergleichs, zeitlicher Umfang und Beobachtungsumfang beim einzelnen Patienten, Patientenzahl) und die geplanten Methoden (Datenerhebung und Auswertung) müssen zur Beantwortung dieser Frage geeignet sein. Eine AWB ist prospektiv, ggf. mit zurückverlegtem Anfangspunkt, durchzuführen und orientiert sich in Anlage und Durchführung an einer Kohortenstudie. Sie kann auch auf geeigneten pharmakoepidemiologischen Datenbeständen basieren. Da eine AWB in Ergänzung zu klinischen Prüfungen Ergebnisse bei der routinemäßigen Anwendung von Arzneimitteln liefern sollen, muss durch geeignete Maßnahmen dafür Sorge getragen werden, dass die in eine AWB einbezogenen Patienten und Ärzte sowie das therapeutische Vorgehen ein möglichst repräsentatives Abbild der medizinischen Praxis geben.

3. Ziele von AWB

Mögliche Ziele von AWB sind:
a) das Gewinnen von Erkenntnissen über Verordnungsverhalten und Verschreibungsgewohnheiten, Beachtung der Fach- und Gebrauchsinformationen, Akzeptanz und Compliance, Praktikabilität, Beachtung von Zulassungsauflagen etc.;
b) das Vertiefen von Erkenntnissen zu bekannten unerwünschten Arzneimittelwirkungen (UAW) unter routinemäßiger Anwendung (z.B. Bewertung von Schweregraden, Häufigkeitsabschätzungen, Wechselwirkungen), das Gewinnen von Erkenntnissen zu bisher unbekannten, insbesondere seltenen UAW und Wechselwirkungen sowie Untersuchungen zu besonderen Populationen innerhalb der zugelassenen Indikation;

c) das Erweitern von Erkenntnissen innerhalb der zugelassenen Indikation unter den Bedingungen der routinemäßigen Anwendung.

4. Qualitätssicherung

Ziel der Qualitätssicherung ist es, mögliche Verzerrungen durch einen geeigneten Beobachtungs- und Auswertungsplan und/oder eine adäquate Datenanalyse zu minimieren, Vollständigkeit und Validität der Daten zu sichern sowie Mängel frühzeitig zu erkennen und zu beseitigen. Die für die klinischen Prüfungen üblichen Qualitätsstandards sollten, soweit anwendbar, herangezogen werden.

5. Patientenaufklärung und -einwilligung

Bezüglich der Therapieentscheidung ist eine über die übliche ärztliche Aufklärungspflicht hinausgehende Information des Patienten nicht notwendig. Jedoch kann bzgl. des Umgangs mit Patientendaten sowie bzgl. zusätzlicher Vorgaben in der Beobachtung ergänzender Aufklärungsbedarf bestehen. In diesem Falle ist das Einholen der Einwilligung des Patienten erforderlich, insbesondere wenn erhobene Daten an den Auftraggeber weitergegeben bzw. von diesem anhand von Quelldaten überprüft werden sollen. Die Vorgaben des Datenschutzes müssen berücksichtigt werden.

6. Interessenkonflikte, Ethik

AWB bergen eine Reihe möglicher Interessenkonflikte im Spannungsfeld zwischen Datenschutz, Schutz des Patienten, Schutz und Haftung des Arztes, Interesse des Auftraggebers. Die Beratung durch eine Ethikkommission wird dringend empfohlen. Im Übrigen wird auf einschlägige Verordnungen (Berufsordnungen) und Gesetze sowie insbesondere auf in den einzelnen Bundesländern unterschiedliche Regelungen im Arztrecht verwiesen.

7. Anzeige- und Berichtspflichten

Gemäß § 67 Abs. 6 AMG besteht für Anwendungsbeobachtungen eine unverzügliche Anzeigepflicht. Dabei sind Ort, Zeit, Ziel der Anwendungsbeobachtung und beteiligte Ärzte mit Name und Adresse anzugeben. Die gemäß § 63 b AMG bestehenden Dokumentations- und Meldepflichten gelten uneingeschränkt auch bei der Durchführung von AWB. Jegliche Änderungen des wissenschaftlichen Kenntnisstandes im Sinne von § 29 Abs. 1 und 1a AMG müssen angezeigt werden.

8. Bericht, Archivierung

Über die Durchführung und Ergebnisse einer AWB ist innerhalb angemessener Frist ein Abschlußbericht zu erstellen, der eine biometrische Auswertung und eine Bewertung aus medizinischer Sicht enthält. Die Ergebnisse der AWB sollen in geeigneter Weise in den regelmäßigen aktualisierten Berichten über die Unbedenklichkeit des Arzneimittels (= „Periodic Safety Update Report") dargestellt und nach wissenschaftlichen Kriterien publiziert werden. Es wird empfohlen, alle Unterlagen einer AWB für spätere Zugriffe und Auswertungen mindestens 10 Jahre zu archivieren.

9. Erstattung und Honorierung

Die Beteiligung an einer AWB ist eine ärztliche Tätigkeit[2]. Ein über die Regelversorgung hinaus durch die AWB entstehender Aufwand ist in Anlehnung an die ärztliche Gebührenordnung zu honorieren. Die Honorierung soll sich am Zeitaufwand für zusätzlich erforderliche Dokumentations- und andere Maßnahmen orientieren. Die Erstattung von über die Routine hinausgehenden Leistungen ist gesondert zu klären und mit der Ethikkommission zu beraten. Erstattung und Honorierung dürfen die wissenschaftliche Zielsetzung und die Auswahl der einzubeziehenden Patienten nicht beeinflussen.

---

2   Bei Arzneimitteln, die nicht der Verschreibungspflicht unterliegen, sind Anwendungsbeobachtungen auch bei anderen Heilberufen möglich

ANHANG 8
Gesetz über die Werbung auf dem Gebiete des Heilwesens (Heilmittelwerbegesetz – HWG)
idF der Bekanntmachung vom 19. Oktober 1994, zuletzt geändert durch Gesetz vom 26. April 2006

§ 1
(1) Dieses Gesetz findet Anwendung auf die Werbung für
1. Arzneimittel im Sinne des § 2 des Arzneimittelgesetzes,
1a. Medizinprodukte im Sinne des § 3 des Medizinproduktegesetzes,
2. andere Mittel, Verfahren, Behandlungen und Gegenstände, soweit sich die Werbeaussage auf die Erkennung, Beseitigung oder Linderung von Krankheiten, Leiden, Körperschäden oder krankhaften Beschwerden bei Mensch oder Tier bezieht, sowie operative plastisch-chirurgische Eingriffe, soweit sich die Werbeaussage auf die Veränderung des menschlichen Körpers ohne medizinische Notwendigkeit bezieht.

(2) Andere Mittel im Sinne des Absatzes 1 Nr. 2 sind kosmetische Mittel im Sinne des § 4 des Lebensmittel- und Bedarfsgegenständegesetzes. Gegenstände im Sinne des Absatzes 1 Nr. 2 sind auch Gegenstände zur Körperpflege im Sinne des § 5 Abs. 1 Nr. 4 des Lebensmittel- und Bedarfsgegenständegesetzes.

(3) Eine Werbung im Sinne dieses Gesetzes ist auch das Ankündigen oder Anbieten von Werbeaussagen, auf die dieses Gesetz Anwendung findet.

(4) Dieses Gesetz findet keine Anwendung auf die Werbung für Gegenstände zur Verhütung von Unfallschäden.

(5) Das Gesetz findet keine Anwendung auf den Schriftwechsel und die Unterlagen, die nicht Werbezwecken dienen und die zur Beantwortung einer konkreten Anfrage zu einem bestimmten Arzneimittel erforderlich sind.

(6) Das Gesetz findet ferner keine Anwendung beim elektronischen Handel mit Arzneimitteln auf das Bestellformular und die dort aufgeführten Angaben, soweit diese für eine ordnungsgemäße Bestellung notwendig sind.

§ 2
Fachkreise im Sinne dieses Gesetzes sind Angehörige der Heilberufe oder des Heilgewerbes, Einrichtungen, die der Gesundheit von Mensch oder Tier dienen, oder sonstige Personen, soweit sie mit Arzneimitteln, Medizinprodukten, Verfahren, Behandlungen, Gegenständen oder anderen Mitteln erlaubterweise Handel treiben oder sie in Ausübung ihres Berufes anwenden.

§ 3
Unzulässig ist eine irreführende Werbung. Eine Irreführung liegt insbesondere dann vor,
1. wenn Arzneimitteln, Medizinprodukten, Verfahren, Behandlungen, Gegenständen oder anderen Mitteln eine therapeutische Wirksamkeit oder Wirkungen beigelegt werden, die sie nicht haben,
2. wenn fälschlich der Eindruck erweckt wird, dass
a) ein Erfolg mit Sicherheit erwartet werden kann,
b) bei bestimmungsgemäßem oder längerem Gebrauch keine schädlichen Wirkungen eintreten,
c) die Werbung nicht zu Zwecken des Wettbewerbs veranstaltet wird,
3. wenn unwahre oder zur Täuschung geeignete Angaben
a) über die Zusammensetzung oder Beschaffenheit von Arzneimitteln, Medizinprodukten, Gegenständen oder anderen Mitteln oder über die Art und Weise der Verfahren oder Behandlungen oder
b) über die Person, Vorbildung, Befähigung oder Erfolge des Herstellers, Erfinders oder der für sie tätigen oder tätig gewesenen Personen gemacht werden.

§ 3a
Unzulässig ist eine Werbung für Arzneimittel, die der Pflicht zur Zulassung unterliegen und die nicht nach den arzneimittelrechtlichen Vorschriften zuge-

lassen sind oder als zugelassen gelten. Satz 1 findet auch Anwendung, wenn sich die Werbung auf Anwendungsgebiete oder Darreichungsformen bezieht, die nicht von der Zulassung erfasst sind.

§ 4

(1) Jede Werbung für Arzneimittel im Sinne des § 2 Abs. 1 oder Abs. 2 Nr. 1 des Arzneimittelgesetzes muss folgende Angaben enthalten:
1. den Namen oder die Firma und den Sitz des pharmazeutischen Unternehmers,
2. die Bezeichnung des Arzneimittels,
3. die Zusammensetzung des Arzneimittels gemäß § 11 Abs. 1 Satz 1 Nr. 6 Buchstabe d des Arzneimittelgesetzes,
4. die Anwendungsgebiete,
5. die Gegenanzeigen,
6. die Nebenwirkungen,
7. Warnhinweise, soweit sie für die Kennzeichnung der Behältnisse und äußeren Umhüllungen vorgeschrieben sind,
7a. bei Arzneimitteln, die nur auf ärztliche, zahnärztliche oder tierärztliche Verschreibung abgegeben werden dürfen, der Hinweis "Verschreibungspflichtig",
8. die Wartezeit bei Arzneimitteln, die zur Anwendung bei Tieren bestimmt sind, die der Gewinnung von Lebensmitteln dienen.

Eine Werbung für traditionelle pflanzliche Arzneimittel, die nach dem Arzneimittelgesetz registriert sind, muss folgenden Hinweis enthalten: "Traditionelles pflanzliches Arzneimittel zur Anwendung bei ... (spezifiziertes Anwendungsgebiet/spezifizierte Anwendungsgebiete) ausschließlich auf Grund langjähriger Anwendung".

(1a) Bei Arzneimitteln, die nur einen arzneilich wirksamen Bestandteil enthalten, muß der Angabe nach Absatz 1 Nr. 2 die Bezeichnung dieses Bestandteils mit dem Hinweis: "Wirkstoff:" folgen; dies gilt nicht, wenn in der Angabe nach Absatz 1 Nr. 2 die Bezeichnung des Wirkstoffs enthalten ist.

(2) Die Angaben nach den Absätzen 1 und 1a müssen mit denjenigen übereinstimmen, die nach § 11 oder § 12 des Arzneimittelgesetzes für die Packungs-

beilage vorgeschrieben sind. Können die in § 11 Abs. 1 Satz 1 Nr. 3 Buchstabe a und c und Nr. 5 des Arzneimittelgesetzes vorgeschriebenen Angaben nicht gemacht werden, so können sie entfallen.

(3) Bei einer Werbung außerhalb der Fachkreise ist der Text "Zu Risiken und Nebenwirkungen lesen Sie die Packungsbeilage und fragen Sie Ihren Arzt oder Apotheker" gut lesbar und von den übrigen Werbeaussagen deutlich abgesetzt und abgegrenzt anzugeben. Bei einer Werbung für Heilwässer tritt an die Stelle der Angabe "die Packungsbeilage" die Angabe "das Etikett" und bei einer Werbung für Tierarzneimittel an die Stelle "Ihren Arzt" die Angabe "den Tierarzt". Die Angaben nach Absatz 1 Nr. 1, 3, 5 und 6 können entfallen. Satz 1 findet keine Anwendung auf Arzneimittel, die für den Verkehr außerhalb der Apotheken freigegeben sind, es sei denn, daß in der Packungsbeilage oder auf dem Behältnis Nebenwirkungen oder sonstige Risiken angegeben sind.

(4) Die nach Absatz 1 vorgeschriebenen Angaben müssen von den übrigen Werbeaussagen deutlich abgesetzt, abgegrenzt und gut lesbar sein.

(5) Nach einer Werbung in audiovisuellen Medien ist der nach Absatz 3 Satz 1 oder 2 vorgeschriebene Text einzublenden, der im Fernsehen vor neutralem Hintergrund gut lesbar wiederzugeben und gleichzeitig zu sprechen ist, sofern nicht die Angabe dieses Textes nach Absatz 3 Satz 4 entfällt. Die Angaben nach Absatz 1 können entfallen.

(6) Die Absätze 1, 1a, 3 und 5 gelten nicht für eine Erinnerungswerbung. Eine Erinnerungswerbung liegt vor, wenn ausschließlich mit der Bezeichnung eines Arzneimittels oder zusätzlich mit dem Namen, der Firma, der Marke des pharmazeutischen Unternehmers oder dem Hinweis: "Wirkstoff: "geworben wird.

§ 4a

(1) Unzulässig ist es, in der Packungsbeilage eines Arzneimittels für andere Arzneimittel oder andere Mittel zu werben.

(2) Unzulässig ist es auch, außerhalb der Fachkreise für die im Rahmen der vertragsärztlichen Versorgung bestehende Verordnungsfähigkeit eines Arzneimittels zu werben.

§ 5
Für homöopathische Arzneimittel, die nach dem Arzneimittelgesetz registriert oder von der Registrierung freigestellt sind, darf mit der Angabe von Anwendungsgebieten nicht geworben werden.

§ 6
Unzulässig ist eine Werbung, wenn
1. Gutachten oder Zeugnisse veröffentlicht oder erwähnt werden, die nicht von wissenschaftlich oder fachlich hierzu berufenen Personen erstattet worden sind und nicht die Angabe des Namens, Berufes und Wohnortes der Person, die das Gutachten erstellt oder das Zeugnis ausgestellt hat, sowie den Zeitpunkt der Ausstellung des Gutachtens oder Zeugnisses enthalten,
2. auf wissenschaftliche, fachliche oder sonstige Veröffentlichungen Bezug genommen wird, ohne dass aus der Werbung hervorgeht, ob die Veröffentlichung das Arzneimittel, das Verfahren, die Behandlung, den Gegenstand oder ein anderes Mittel selbst betrifft, für die geworben wird, und ohne dass der Name des Verfassers, der Zeitpunkt der Veröffentlichung und die Fundstelle genannt werden,
3. aus der Fachliteratur entnommene Zitate, Tabellen oder sonstige Darstellungen nicht wortgetreu übernommen werden.

§ 7
(1) Es ist unzulässig, Zuwendungen und sonstige Werbegaben (Waren oder Leistungen) anzubieten, anzukündigen oder zu gewähren oder als Angehöriger der Fachkreise anzunehmen, es sei denn, dass
1. es sich bei den Zuwendungen oder Werbegaben um Gegenstände von geringem Wert, die durch eine dauerhafte und deutlich sichtbare Bezeichnung des Werbenden oder des beworbenen Produktes oder beider gekennzeichnet sind, oder um geringwertige Kleinigkeiten handelt;

2. die Zuwendungen oder Werbegaben in
a) einem bestimmten oder auf bestimmte Art zu berechnenden Geldbetrag oder
b) einer bestimmten oder auf bestimmte Art zu berechnenden Menge gleicher Ware gewährt werden;

Zuwendungen oder Werbegaben nach Buchstabe a sind für Arzneimittel unzulässig, soweit sie entgegen den Preisvorschriften gewährt werden, die aufgrund des Arzneimittelgesetzes gelten; Buchstabe b gilt nicht für Arzneimittel, deren Abgabe den Apotheken vorbehalten ist;

3. die Zuwendungen oder Werbegaben nur in handelsüblichem Zubehör zur Ware oder in handelsüblichen Nebenleistungen bestehen; als handelsüblich gilt insbesondere eine im Hinblick auf den Wert der Ware oder Leistung angemessene teilweise oder vollständige Erstattung oder Übernahme von Fahrtkosten für Verkehrsmittel des öffentlichen Personennahverkehrs, die im Zusammenhang mit dem Besuch des Geschäftslokals oder des Orts der Erbringung der Leistung aufgewendet werden;
4. die Zuwendungen oder Werbegaben in der Erteilung von Auskünften oder Ratschlägen bestehen oder
5. es sich um unentgeltlich an Verbraucherinnen und Verbraucher abzugebende Zeitschriften handelt, die nach ihrer Aufmachung und Ausgestaltung der Kundenwerbung und den Interessen der verteilenden Person dienen, durch einen entsprechenden Aufdruck auf der Titelseite diesen Zweck erkennbar machen und in ihren Herstellungskosten geringwertig sind (Kundenzeitschriften).

Werbegaben für Angehörige der Heilberufe sind unbeschadet des Satzes 1 nur dann zulässig, wenn sie zur Verwendung in der ärztlichen, tierärztlichen oder pharmazeutischen Praxis bestimmt sind. § 47 Abs. 3 des Arzneimittelgesetzes bleibt unberührt.

(2) Absatz 1 gilt nicht für Zuwendungen im Rahmen ausschließlich berufsbezogener wissenschaftlicher Veranstaltungen, sofern diese einen vertretbaren Rahmen nicht überschreiten, insbesondere in Bezug auf den wissenschaftlichen Zweck der Veranstaltung von untergeordneter Bedeutung sind und sich nicht auf andere als im Gesundheitswesen tätige Personen erstrecken.

(3) Es ist unzulässig, für die Entnahme oder sonstige Beschaffung von Blut-, Plasma- oder Gewebespenden zur Herstellung von Blut- und Gewebeprodukten und anderen Produkten zur Anwendung bei Menschen mit der Zahlung einer finanziellen Zuwendung oder Aufwandsentschädigung zu werben.

§ 8
Unzulässig ist die Werbung, Arzneimittel im Wege des Teleshopping oder bestimmte Arzneimittel im Wege der Einzeleinfuhr nach § 73 Abs. 2 Nr. 6a oder § 73 Abs. 3 des Arzneimittelgesetzes zu beziehen.

§ 9
Unzulässig ist eine Werbung für die Erkennung oder Behandlung von Krankheiten, Leiden, Körperschäden oder krankhaften Beschwerden, die nicht auf eigener Wahrnehmung an dem zu behandelnden Menschen oder Tier beruht (Fernbehandlung).

§ 10
(1) Für verschreibungspflichtige Arzneimittel darf nur bei Ärzten, Zahnärzten, Tierärzten, Apothekern und Personen, die mit diesen Arzneimitteln erlaubterweise Handel treiben, geworben werden.

(2) Für Arzneimittel, die dazu bestimmt sind, bei Menschen die Schlaflosigkeit oder psychische Störungen zu beseitigen oder die Stimmungslage zu beeinflussen, darf außerhalb der Fachkreise nicht geworben werden.

§ 11
(1) Außerhalb der Fachkreise darf für Arzneimittel, Verfahren, Behandlungen, Gegenstände oder andere Mittel nicht geworben werden
1. mit Gutachten, Zeugnissen, wissenschaftlichen oder fachlichen Veröffentlichungen sowie mit Hinweisen darauf,

2. mit Angaben, dass das Arzneimittel, das Verfahren, die Behandlung, der Gegenstand oder das andere Mittel ärztlich, zahnärztlich, tierärztlich oder anderweitig fachlich empfohlen oder geprüft ist oder angewendet wird,
3. mit der Wiedergabe von Krankengeschichten sowie mit Hinweisen darauf,
4. mit der bildlichen Darstellung von Personen in der Berufskleidung oder bei der Ausübung der Tätigkeit von Angehörigen der Heilberufe, des Heilgewerbes oder des Arzneimittelhandels,
5. mit der bildlichen Darstellung
a) von Veränderungen des menschlichen Körpers oder seiner Teile durch Krankheiten, Leiden oder Körperschäden,
b) der Wirkung eines Arzneimittels, eines Verfahrens, einer Behandlung, eines Gegenstandes oder eines anderen Mittels durch vergleichende Darstellung des Körperzustandes oder des Aussehens vor und nach der Anwendung,
c) des Wirkungsvorganges eines Arzneimittels, eines Verfahrens, einer Behandlung, eines Gegenstandes oder eines anderen Mittels am menschlichen Körper oder an seinen Teilen,
6. mit fremd- oder fachsprachlichen Bezeichnungen, soweit sie nicht in den allgemeinen deutschen Sprachgebrauch eingegangen sind,
7. mit einer Werbeaussage, die geeignet ist, Angstgefühle hervorzurufen oder auszunutzen,
8. durch Werbevorträge, mit denen ein Feilbieten oder eine Entgegennahme von Anschriften verbunden ist,
9. mit Veröffentlichungen, deren Werbezweck mißverständlich oder nicht deutlich erkennbar ist,
10. mit Veröffentlichungen, die dazu anleiten, bestimmte Krankheiten, Leiden, Körperschäden oder krankhafte Beschwerden beim Menschen selbst zu erkennen und mit den in der Werbung bezeichneten Arzneimitteln, Gegenständen, Verfahren, Behandlungen oder anderen Mitteln zu behandeln, sowie mit entsprechenden Anleitungen in audiovisuellen Medien,
11. mit Äußerungen Dritter, insbesondere mit Dank-, Anerkennungs- oder Empfehlungsschreiben, oder mit Hinweisen auf solche Äußerungen,
12. mit Werbemaßnahmen, die sich ausschließlich oder überwiegend an Kinder unter 14 Jahren richten,
13. mit Preisausschreiben, Verlosungen oder anderen Verfahren, deren Ergebnis vom Zufall abhängig ist,

14. durch die Abgabe von Mustern oder Proben von Arzneimitteln oder durch Gutscheine dafür,
15. durch die nicht verlangte Abgabe von Mustern oder Proben von anderen Mitteln oder Gegenständen oder durch Gutscheine dafür.

Für Medizinprodukte gilt Satz 1 Nr. 6 bis 9, 11 und 12 entsprechend.

(2) Außerhalb der Fachkreise darf für Arzneimittel zur Anwendung bei Menschen nicht mit Angaben geworben werden, die nahe legen, dass die Wirkung des Arzneimittels einem anderen Arzneimittel oder einer anderen Behandlung entspricht oder überlegen ist.

§ 12

(1) Außerhalb der Fachkreise darf sich die Werbung für Arzneimittel und Medizinprodukte nicht auf die Erkennung, Verhütung, Beseitigung oder Linderung der in Abschnitt A der Anlage zu diesem Gesetz aufgeführten Krankheiten oder Leiden bei Menschen beziehen, die Werbung für Arzneimittel außerdem nicht auf die Erkennung, Verhütung, Beseitigung oder Linderung der in Abschnitt B dieser Anlage aufgeführten Krankheiten oder Leiden beim Tier. Abschnitt A Nr. 2 der Anlage findet keine Anwendung auf die Werbung für Medizinprodukte.

(2) Die Werbung für andere Mittel, Verfahren, Behandlungen oder Gegenstände außerhalb der Fachkreise darf sich nicht auf die Erkennung, Beseitigung oder Linderung dieser Krankheiten oder Leiden beziehen. Dies gilt nicht für die Werbung für Verfahren oder Behandlungen in Heilbädern, Kurorten und Kuranstalten.

§ 13

Die Werbung eines Unternehmens mit Sitz außerhalb des Geltungsbereichs dieses Gesetzes ist unzulässig, wenn nicht ein Unternehmen mit Sitz oder eine natürliche Person mit gewöhnlichem Aufenthalt im Geltungsbereich dieses Gesetzes oder in einem anderen Mitgliedstaat der Europäischen Gemeinschaften oder in einem anderen Vertragsstaat des Abkommens über den Europäischen Wirtschaftsraum, die nach diesem Gesetz unbeschränkt strafrechtlich verfolgt werden kann, ausdrücklich damit betraut ist, die sich aus diesem Gesetz ergebenden Pflichten zu übernehmen.

§ 14
Wer dem Verbot der irreführenden Werbung (§ 3) zuwiderhandelt, wird mit Freiheitsstrafe bis zu einem Jahr oder mit Geldstrafe bestraft.

§ 15
(1) Ordnungswidrig handelt, wer vorsätzlich oder fahrlässig
1. entgegen § 3a eine Werbung für ein Arzneimittel betreibt, das der Pflicht zur Zulassung unterliegt und das nicht nach den arzneimittelrechtlichen Vorschriften zugelassen ist oder als zugelassen gilt,
2. eine Werbung betreibt, die die nach § 4 vorgeschriebenen Angaben nicht enthält oder entgegen § 5 mit der Angabe von Anwendungsgebieten wirbt,
3. in einer nach § 6 unzulässigen Weise mit Gutachten, Zeugnissen oder Bezugnahmen auf Veröffentlichungen wirbt,
4. entgegen § 7 Abs. 1 und 3 eine mit Zuwendungen oder sonstigen Werbegaben verbundene Werbung betreibt,
4a. entgegen § 7 Abs. 1 als Angehöriger der Fachkreise eine Zuwendung oder sonstige Werbegabe annimmt,
5. entgegen § 8 eine dort genannte Werbung betreibt,
6. entgegen § 9 für eine Fernbehandlung wirbt,
7. entgegen § 10 für die dort bezeichneten Arzneimittel wirbt,
8. auf eine durch § 11 verbotene Weise außerhalb der Fachkreise wirbt,
9. entgegen § 12 eine Werbung betreibt, die sich auf die in der Anlage zu § 12 aufgeführten Krankheiten oder Leiden bezieht,
10. eine nach § 13 unzulässige Werbung betreibt.

(2) Ordnungswidrig handelt ferner, wer fahrlässig dem Verbot der irreführenden Werbung (§ 3) zuwiderhandelt.

(3) Die Ordnungswidrigkeit nach Absatz 1 kann mit einer Geldbuße bis zu fünfzigtausend Euro, die Ordnungswidrigkeit nach Absatz 2 mit einer Geldbuße bis zu zwanzigtausend Euro geahndet werden.

§ 16
Werbematerial und sonstige Gegenstände, auf die sich eine Straftat nach § 14 oder eine Ordnungswidrigkeit nach § 15 bezieht, können eingezogen werden. § 74a des Strafgesetzbuches und § 23 des Gesetzes über Ordnungswidrigkeiten sind anzuwenden.

§ 17
Das Gesetz gegen den unlauteren Wettbewerb bleibt unberührt.

§ 18
Werbematerial, das den Vorschriften des § 4 nicht entspricht, jedoch den Vorschriften des Gesetzes in der bis zum 10. September 1998 geltenden Fassung, darf noch bis zum 31. März 1999 verwendet werden.

Anlage (zu § 12)

Krankheiten und Leiden, auf die sich die Werbung gemäß § 12 nicht beziehen darf
Fundstelle des Originaltextes: BGBl. I 2005, 2599

A. Krankheiten und Leiden beim Menschen
1. Nach dem Infektionsschutzgesetz vom 20. Juli 2000 (BGBl. I S. 1045) meldepflichtige Krankheiten oder durch meldepflichtige Krankheitserreger verursachte Infektionen,
2. bösartige Neubildungen,
3. Suchtkrankheiten, ausgenommen Nikotinabhängigkeit,
4. krankhafte Komplikationen der Schwangerschaft, der Entbindung und des Wochenbetts.

B. Krankheiten und Leiden beim Tier
1. Nach der Verordnung über anzeigepflichtige Tierseuchen und der Verordnung über meldepflichtige Tierkrankheiten in ihrer jeweils geltenden Fassung anzeige- oder meldepflichtige Seuchen oder Krankheiten,
2　bösartige Neubildungen,
3. bakterielle Eutererkrankungen bei Kühen, Ziegen und Schafen,
4. Kolik bei Pferden und Rindern.

ANHANG 9
Vorschriften des Strafgesetzbuchs (StGB)
(Strafvorschriften)

§ 299 Bestechlichkeit und Bestechung im geschäftlichen Verkehr

(1) Wer als Angestellter oder Beauftragter eines geschäftlichen Betriebes im geschäftlichen Verkehr einen Vorteil für sich oder einen Dritten als Gegenleistung dafür fordert, sich versprechen lässt oder annimmt, dass er einen anderen bei dem Bezug von Waren oder gewerblichen Leistungen im Wettbewerb in unlauterer Weise bevorzuge, wird mit Freiheitsstrafe bis zu drei Jahren oder mit Geldstrafe bestraft.

(2) Ebenso wird bestraft, wer im geschäftlichen Verkehr zu Zwecken des Wettbewerbs einem Angestellten oder Beauftragten eines geschäftlichen Betriebes einen Vorteil für diesen oder einen Dritten als Gegenleistung dafür anbietet, verspricht oder gewährt, daß er ihn oder einen anderen bei dem Bezug von Waren oder gewerblichen Leistungen in unlauterer Weise bevorzuge.

(3) Die Absätze 1 und 2 gelten auch für Handlungen im ausländischen Wettbewerb.

§ 331 Vorteilsannahme

(1) Ein Amtsträger oder ein für den öffentlichen Dienst besonders Verpflichteter, der für die Dienstausübung einen Vorteil für sich oder einen Dritten fordert, sich versprechen lässt oder annimmt, wird mit Freiheitsstrafe bis zu drei Jahren oder mit Geldstrafe bestraft.

(2) Ein Richter oder Schiedsrichter, der einen Vorteil für sich oder einen Dritten als Gegenleistung dafür fordert, sich versprechen lässt oder annimmt, dass er eine richterliche Handlung vorgenommen hat oder künftig vornehme, wird mit Freiheitsstrafe bis zu fünf Jahren oder mit Geldstrafe bestraft. Der Versuch ist strafbar.

(3) Die Tat ist nicht nach Absatz 1 strafbar, wenn der Täter einen nicht von ihm geforderten Vorteil sich versprechen lässt oder annimmt und die zuständige Behörde im Rahmen ihrer Befugnisse entweder die Annahme vorher genehmigt hat oder der Täter unverzüglich bei ihr Anzeige erstattet und sie die Annahme genehmigt.

§ 332 Bestechlichkeit

(1) Ein Amtsträger oder ein für den öffentlichen Dienst besonders Verpflichteter, der einen Vorteil für sich oder einen Dritten als Gegenleistung dafür fordert, sich versprechen lässt oder annimmt, dass er eine Diensthandlung vorgenommen hat oder künftig vornehme und dadurch seine Dienstpflichten verletzt hat oder verletzen würde, wird mit Freiheitsstrafe von sechs Monaten bis zu fünf Jahren bestraft. In minder schweren Fällen ist die Strafe Freiheitsstrafe bis zu drei Jahren oder Geldstrafe. Der Versuch ist strafbar.

(2) Ein Richter oder Schiedsrichter, der einen Vorteil für sich oder einen Dritten als Gegenleistung dafür fordert, sich versprechen lässt oder annimmt, dass er eine richterliche Handlung vorgenommen hat oder künftig vornehme und dadurch seine richterlichen Pflichten verletzt hat oder verletzen würde, wird mit Freiheitsstrafe von einem Jahr bis zu zehn Jahren bestraft. In minder schweren Fällen ist die Strafe Freiheitsstrafe von sechs Monaten bis zu fünf Jahren.

(3) Falls der Täter den Vorteil als Gegenleistung für eine künftige Handlung fordert, sich versprechen lässt oder annimmt, so sind die Absätze 1 und 2 schon dann anzuwenden, wenn er sich dem anderen gegenüber bereit gezeigt hat,
1. bei der Handlung seine Pflichten zu verletzen oder,
2. soweit die Handlung in seinem Ermessen steht, sich bei Ausübung des Ermessens durch den Vorteil beeinflussen zu lassen.

§ 333 Vorteilsgewährung

(1) Wer einem Amtsträger, einem für den öffentlichen Dienst besonders Verpflichteten oder einem Soldaten der Bundeswehr für die Dienstausübung einen Vorteil für diesen oder einen Dritten anbietet, verspricht oder gewährt, wird mit Freiheitsstrafe bis zu drei Jahren oder mit Geldstrafe bestraft.

(2) Wer einem Richter oder Schiedsrichter einen Vorteil für diesen oder einen Dritten als Gegenleistung dafür anbietet, verspricht oder gewährt, daß er eine richterliche Handlung vorgenommen hat oder künftig vornehme, wird mit Freiheitsstrafe bis zu fünf Jahren oder mit Geldstrafe bestraft.

(3) Die Tat ist nicht nach Absatz 1 strafbar, wenn die zuständige Behörde im Rahmen ihrer Befugnisse entweder die Annahme des Vorteils durch den Empfänger vorher genehmigt hat oder sie auf unverzügliche Anzeige des Empfängers genehmigt.

§ 334 Bestechung

(1) Wer einem Amtsträger, einem für den öffentlichen Dienst besonders Verpflichteten oder einem Soldaten der Bundeswehr einen Vorteil für diesen oder einen Dritten als Gegenleistung dafür anbietet, verspricht oder gewährt, dass er eine Diensthandlung vorgenommen hat oder künftig vornehme und dadurch seine Dienstpflichten verletzt hat oder verletzen würde, wird mit Freiheitsstrafe von drei Monaten bis zu fünf Jahren bestraft. In minder schweren Fällen ist die Strafe Freiheitsstrafe bis zu zwei Jahren oder Geldstrafe.

(2) Wer einem Richter oder Schiedsrichter einen Vorteil für diesen oder einen Dritten als Gegenleistung dafür anbietet, verspricht oder gewährt, dass er eine richterliche Handlung
1. vorgenommen und dadurch seine richterlichen Pflichten verletzt hat oder
2. künftig vornehme und dadurch seine richterlichen Pflichten verletzen würde,

wird in den Fällen der Nummer 1 mit Freiheitsstrafe von drei Monaten bis zu fünf Jahren, in den Fällen der Nummer 2 mit Freiheitsstrafe von sechs Monaten bis zu fünf Jahren bestraft. Der Versuch ist strafbar.

(3) Falls der Täter den Vorteil als Gegenleistung für eine künftige Handlung anbietet, verspricht oder gewährt, so sind die Absätze 1 und 2 schon dann anzuwenden, wenn er den anderen zu bestimmen versucht, dass dieser
1. bei der Handlung seine Pflichten verletzt oder,
2. soweit die Handlung in seinem Ermessen steht, sich bei der Ausübung des Ermessens durch den Vorteil beeinflussen lässt.

NOTIZEN

Notizen

Notizen

Notizen